나는 매일 은퇴를 꿈꾼다

평균수명 100세! 호모헌드레드가 온다

나는 매일 은퇴를 꿈꾼다

한혜경 지음

샘터

{ 베이비붐 세대의 은퇴,
새로운 인생 로드맵이
필요하다

2010년을 기점으로 9년간 약 300만 명 이상의 베이비 부머가 은퇴한다고 한다. 우리 사회의 기둥 역할을 해오던 베이비붐 세대의 은퇴가 시작되면서 '은퇴'는 중요한 화두로 떠올랐다. 이들의 은퇴가 당사자뿐 아니라 가족과 사회 전반에 미칠 영향은 매우 클 것이다. 게다가 평균 연령 100세 시대가 오고 있다는 소식까지⋯⋯. 각종 매스컴이 은퇴 후의 노후에 대한 염려를 쏟아놓는 것도 무리는 아니다. 문제는 이들의 염려가 지나치게 경제적인 측면에만 치우쳐 있다는 점이다. 돈이 제일이라는, 돈 없으면 죽는다는, 그래서 적어도 10억 원은 모아야 한다는 '10억 원의 신화'가 은퇴 후까지 지겹도록 따라다닐 것 같은 불길한 느낌마저 들 정도로 말이다.

각종 매체가 너무 돈 문제를 강조하는 바람에 멀쩡하던 사람도 덩달아 불안해하고, 걱정하지 않아도 될 주변사람까지 걱정하게 되는 현실이 안타깝다. 과연 돈만 있으면 은퇴 후의 모든 문제가 해결될까? 돈만 있으면 은퇴 후 몇십 년의 세월이 마냥 행복하기만 할까?

나는 약 10년 전 퇴직자의 일상생활에 관한 연구를 하기 시작하면서부터, 돈은 있지만 결코 행복하다고 말하기 어려운 퇴직자들을 많이 만났다. 그래서 돈 문제란 이들이 겪는 여러 가지 문제 중의 하나일 뿐이라는 사실을 알게 되었다.

L씨도 그중의 한 사람이다. 그는 "전에는 가진 게 건강과 돈밖에 없었는데, 요즘엔 시간도 있죠"라며 익살스러운 표정을 지었다. "그런데 문제는 이 많은 시간을 어떻게 보내야 할지 도대체 모르겠다는 거예요. 수명이 길어진다는 뉴스를 들을 때마다 우울해져요"라면서 좀 전과는 딴판으로 어두운 표정을 짓던 모습이 지금도 눈에 선하다.

이후로도 수많은 L씨를 만났다. 그러면서 깨달았다. 이미 은퇴한 사람들, 그리고 은퇴를 바로 눈앞에 둔 베이비붐 세대, 그중에서도 특히 남자들. 이들은 직업에 관련된 노하우는 넘치도록 가지고 있을지 모르나 일상생활의 기술에는 미숙한 채 낯선 세상으로 나아가야 한다는 것을. 그래서 이들 또한 불안하다는 것을.

이제는 은퇴 후의 삶과 일상을 이야기할 때

이제, 은퇴 후의 개인적 삶과 일상에 대한 이야기가 절실한 때가 왔다. 그래서 나는 은퇴 후의 삶 그 자체, 삶의 비전과 가치, 삶의 질에 관한 이야기 또한 돈 이야기 못지않게 중요하다고 말하고 싶다. 100세 시대를 앞둔 지금, '앞으로 남은 30년 이상의 긴 세월을 어떻게 살아야 할까?' 아니, '당장 오늘 하루를 어떻게 즐겁고 의미 있게 살아야 할까?' 라는 질문과 함께⋯⋯.

혹시 앞으로 노인 인구가 급격히 늘어나므로 '노인복지'도 빠르게 발달할 것이고, 국가나 사회가 많은 것을 해결해주리라고 기대하는가? 물론 노인복지는 더 나아질 것이다. 하지만 아무리 노인복지가 잘된 사회라도 구체적인 나의 일상, 나의 사소한 행복까지 일일이 책임져줄 수는 없다는 것을 강조하고 싶다. 즉 '은퇴와 나이 듦에 대해 어떻게 대응하면서 어떻게 행복을 추구할 것인가?'라는 문제는 상당 부분 나 자신의 마음가짐과 태도에 달려 있는 것이다.

따라서 지금은 은퇴자들이 당장 직면하게 되는 개인적 삶과 일상에 대한 이야기가 필요한 때다. 바빴던 삶에서 잠시 멈춰 서서 자신을 낯설게 돌아보고, 이제부터라도 'Me'보다는 'I'의 삶을 살아야 하지 않을까? 오늘 하루, 이 순간을 의미 있고 재미있게 보내기 위한 일상의 조건은 무엇일까? 일상에서 일과 교육, 여가를 어떻게 나누어야 할까? 남자로 나이 든다는 것과 여자로 나이 든다는 건 얼마나 다른 것일까? 가족을 사랑하는 데에도 기술이 필요한 것일까? 사회에 대해서는 어떤 태도로 어떻게 이바지

해야 할까? 그리고 100세 시대를 앞둔 지금, 우리는 '어디서 어떻게 누구와 어우러져 살아야 하는가?'에 관한 이야기를 나눠야 한다.

이 책은 그동안 내가 만났던 베이비붐 세대의 사람들, 그리고 중장년층을 포함한 나이 든 사람들의 삶과 은퇴 후의 이야기를 바탕으로 하고 있다. 독자들은 이 책에 실린 다양한 이야기를 통해 은퇴자와 나이 든 사람들의 삶에 대한 현실적인 공감대를 얻을 수 있을 것이다.

덧붙여, 우리보다 먼저 고령화를 경험했던 선진국의 은퇴자와 노인들에 관한 이야기, 다양한 사회적 지원체계에 관한 이야기도 함께 다루었다. 즉 선진국 사람들이 가지고 있는 마음가짐과 생활태도, 선진사회가 노인들의 복지를 위해 기울이고 있는 노력을 살펴보면서 우리 사회에 적용 가능한 행복의 조건이 무엇인지 함께 찾아보려 했다.

누구도 피해 갈 수 없는 은퇴, 즐겁게 받아들이기

나는 40대 초반에 지방대학으로 직장을 옮기면서 사회복지의 한 분야인 '노인복지'를 세부 전공으로 삼았다. 나이 들고 있다는 사실을 막 실감하기 시작한 내게, 노인복지는 바로 나 자신을 위한 학문이나 마찬가지였다. 나는 노화하고 있는 자신을 좀 더 객관적으로 들여다보기 시작했고, 그렇게 달라지고 있는 나를 받아들이기 위해 노력했고, 앞으로 어떻게 살 것인가에 대해 많이 고민하기 시작했다.

특히 퇴직자 연구를 하면서 만났던 사람들의 생생한 삶과 다채로운 일상의 이야기를 통해 참 많은 것을 배우고 깨달았다. 은퇴와 노화가 생각보다 두렵지 않고 희망적일 수도 있다는 긍정적인 느낌도 받았고, 잘, 멋지게 나이 드는 데에도 노력과 기술이 필요하다는 사실도 실감했다.

그런데 한 2년 전쯤에 뜻밖의 일을 겪었다. 교육부가 지방대학을 위해 추진한 사업의 책임자로 5년간 일하고 난 직후였다. 그 일은 객관적으로 그리 대단하지 않았지만, 당시의 내게는 높고 험한 산과도 같았다. 그래서 '이 일만 잘 끝나면 해방감과 자유로움으로 가득한 장밋빛 미래가 펼쳐지겠지'라고 기대했었다. 한데, 산을 오를 때보다 내려올 때 더 조심해야 한다더니, 무사히 산에서 내려오게 되어 감사하다는 마음이 든 건 잠깐이었다. 이상하게도 온갖 상념과 고통, 좌절감이 한꺼번에 몰려왔다. 사람들이 무심코 던지는 말 한마디에 상처받았고 무기력해졌다. 마치 껍데기처럼 버려지는 기분, 갑자기 주변인이 된 듯한 소외감이 느껴졌다. 심지어 학생들이 자주 찾아오지 않는 것에 대해서도 섭섭해할 정도로, 평소의 나답지 않게 엉뚱한 고통과 외로움이 밀려왔다.

더 힘든 건 내리막길에서야 보이는 마음 불편한 진실들이었다. 나 자신을 다시 한 번 돌아보고, '왜 진작 몰랐을까?' 하고 후회하게 하는 현실이었다. 지금 돌아보면 일종의 작고 짤막한 '은퇴체험'을 한 셈이었다. 게다가, 매사에 늦되는 편이니까 노화도 늦게 올 줄 알았는데, 절대 그렇지 않았다. 생물학적, 심리적 노화의 징조는 제시간에 맞춰, 때론 더 이르게 어김없이 찾아오고 있었다.

그때, 인생에서 높이 날아오르는 것 못지않게 '착지'도 중요하다는 사실을 확실히 깨달았다. 그런데 착지를 하려고 살펴본 순간, 그동안 내가 가진 것은 모두 높이 날아오르기 위한 논리와 기술뿐이라는 허무한 진실도 알게 되었다. 이제는 좀 더 다른 생각과 기술과 지혜가 필요하다는 걸 인정할 수밖에 없었다. 나는 오래전부터 써두었던 원고와 메모를 다시 펼쳐보았다. 그리고 쓰기 시작했다.

은퇴와 노화에 대해 인정할 건 인정하고 받아들일 건 받아들이면서도 '은퇴하면 어때?', '늙으면 어때?'라고 '쿨하게' 질문을 던져본다. '비록 직장에서는 은퇴하지만, 그리고 이렇게 늙어가고 있지만, 잘 살면 되지, 무엇이 문제인가?'라고 반문하면서, 희망을 잃지 않고 행복하고 바람직한, 그러면서도 재미있는 삶을 향해 나아가면 좋겠다고 생각해보았다.

이 책에는 이렇게 나이 들어가고 있는 나 자신의 경험과 희망이 녹아 있다. 그리고 베이비붐 세대의 대규모 은퇴가 시작된 지금, 이 책에 담은 내용이 이 시대의 '사회적 요구'와 만날 수 있다고 믿으며 또 하나의 여정을 시작하려고 한다.

"이룰 수 없는 꿈을 꾸고, 이룰 수 없는 사랑을 하고, 이길 수 없는 적과 싸우고, 견딜 수 없는 고통을 견디고, 잡을 수 없는 별을 잡자"는 돈키호테의 꿈이 젊은이만 설레게 하는 것은 아니다.

불안하기만 한 은퇴와 나이 앞에서 당당하자. 늘 그랬듯 '은퇴 후의 삶'이라는 새로운 도전 앞에서, 새로운 여정 앞에서 돈키호테처럼 무모하게, 혹은 대담하게 뛰어가 보자.

"달려라 로시난테! 너무 늦지 않게, 너무 빠르지 않게, 반쯤 빠르게!"

나는 매일 은퇴를 꿈꾼다

1부

우아한 쇠퇴론 :: 은퇴, 피할 수 없다면 즐겨라

은퇴하면 어때?
나이 들면 어때?
잘 살면 되지

'우아한 쇠퇴론'은 쉽게 말해서 은퇴하는 과정, 나이 들어가는 과정에서의 '쇠퇴'를 있는 그대로 인정하고 가능하면 '우아하게' 받아들이는 것이다. 노화에 대해서 받아들일 건 받아들이고, 인정할 건 인정하되 '은퇴하면 어때?', '늙으면 어때?'라고 묻는 것이다. 은퇴와 노화의 과정을 통해 과거의 삶을 성찰하고 반성하면서 더 나은 삶의 모습을 느끼고 깨달을 수만 있다면, 가족과 친구와 많은 시간을 보내며 열심히 배우고 일하면서 즐겁게 살아간다면 이보다도 바람직한 삶이 있을까?

내가 가본 일본의 시골마을 중에 가장 인상에 남는 곳은 큐슈 지방의 작은 온천마을 유후인이다. 이곳이 일본의 젊은 여성들이 가장 선호하는 관광지라는 정보를 처음 들었을 때, 유행에 민감한 일본 젊은 사람들이 좋아할 만한 현대적이고 휘황찬란한 곳일 거라고 막연히 짐작했었다. 하지만 짐작과는 달리, 유후인은 작고 소박하고 모든 건물이 나지막한 시골마을이었다. 신기한 건 그러면서도 전혀 심심하거나 지루하지 않다는 점이다. 모든 게 아기자기하고 아름답게 배열되어 있을 뿐 아니라 볼 거리, 즐길 거리도 많았기 때문이다.

한마디로 유후인은 과거로 돌아갔다기보다는 오히려 현대적인 것을 넘어서는 듯한 느낌, 개발이 안 된 것이 아니라 '우아하게' 개발한 느낌을 준다. 그곳에는 '슬로우 라이프 Slow Life'를 실천하기 위한 '카페 슬로'가 있고, 공정무역 가게도 상시 운영되고 있으며, 친환경 목각공방과 환경 비영리단체인 '나무늘보클럽'도 있다. 유후인 역 안에 있는 아트홀에서는 마을에 있는 25개의 갤러리를 소개하고 있으며, 거리에는 마차형택시가 지나다닌다. 매년 5월에는 문화기록영화제, 7월에는 유후인 음악제가 열린다. 특히 음악제 때는 인구 1만 명에 불과한 이 작은 마을에 5백만 명 이상의 관광객이 몰려온다고 한다.

나는 유후인이야말로 오늘날 일본사회가 안고 있는 고령화 문제를 슬기롭게 극복한 좋은 사례가 아닐까 생각한다. 우리나라보다 30년 앞선 1970년대에 이미 '고령화사회'로 진입했고, 세계적으로 최장수 노인 인구가 가장 많은 일본에서는 인구가 감소하는 문제, 특히 노동인구 감소 문제가 매우 심각하다. 그런데 유후인은 그들만의 독특한 장점과 매력을 최대한 살린 관광산업을 통해서 이 문제를 슬기롭게 극복했다. 만약에 유후인 주민들이 어설픈 개발논리를 동원했다면, 기존에 있던 모든 것들을 싹 허물어버리고 자연을 파괴해 가면서 새롭고 높고 번쩍거리는 건물 짓기에 바빴다면, 유후인은 지금 어떤 모습일까? 지금처럼 사람들이 모이는 그런 마을이 될 수 있었을까? 유후인 주민들은 참 현명했다. 자연과 조화를 이루는 조용하고 소박한 마을을 일궈 현대의 물질적이고 번쩍거리는 것에 지친 사람들의 마음을 사로잡았으니까 말이다.

한마디로 유후인은 작은 시골마을이 어설픈 개발논리에 편승하지 않고도 '우아함'을 유지하면서 지속가능한 발전을 이룰 수 있음을 여실히 보여주었다.

❖ 지속가능한 삶의 행복을 찾아
우아하게 노력하라

알다시피 일본의 고령화는 세계 제일의 수준이다. UN은 전체 인구 중 65세 이상 노인 인구 비율이 7퍼센트 이상이면 '고령화사회', 14퍼센트 이상이면 '고령사회', 20퍼센트 이상이면 '초고령사회'라 규정하는데, 일본은 지난 2006년에 이미 '초고령사회'로 진입하였다. 그런데 일본에서 고령화로 인한 인구 감소 문제에 대한 해법 중 하나로 제기한 대안이 바로 '우아한 쇠퇴론'이다. 즉 일본은 고령화로 인한 국가재정

불균형과 인구 감소의 위기에 우아한 쇠퇴론이라는 새로운 이론을 통해, 한마디로 '인구가 줄어들면 어때?'라는 본질적인 반론을 제기한 것이다.

일본 특파원을 지낸 《조선일보》 선우정 기자에 따르면, 우아한 쇠퇴론의 주요 질문은 '인구가 줄어든다고 해서 개개인의 삶의 질이 악화되는 것은 아니지 않나? 일본 전체의 GDP가 줄어들어도 1인당 GDP가 줄지 않는다면, 도대체 무엇이 문제인가? 인구가 줄면 수도권 과밀, 교통 정체, 공해 등 산업화의 부작용이 사라져서 개개인의 삶의 질은 보다 풍요로워지지 않겠는가? 이럴 때 부가가치가 낮은 부문, 저임금 노동이나 비정규직 노동으로 유지되는 낙후 산업 부문, 공해산업 부문을 과감히 포기하고, 축소되는 노동력을 반대 분야에 집중시켜 빈부격차, 도농격차, 기업 간 격차를 줄이고 균형 발전을 이루면 되는 것 아닌가?'와 같은 물음들이라고 한다.

우아한 쇠퇴론은 인구감소라는 국가적 위기에 대비하여 상당한 진통이 예상되는 '개혁'이나 '혁신'을 단행한다기보다, '쇠퇴'라는 현상을 인정하되 '우아하게' 위기의식을 전환하려는 노력이라는 점에서 상당히 현상 유지적인 대안으로 보인다. '우아한'이라는 형용사와 '쇠퇴'라는 명사의 결합은, 국가 위기에 대한 대응치고는 너무 소극적이라는 의문마저 드는 게 사실이다. 눈만 뜨면 '개혁' 혹은 '혁신'을 운운하고 "마누라만 빼고 다 바꿔야 한다"라는 과격한 표현에 익숙해 있는 우리로서는 지나치게 '우아한' 해법처럼 느껴지기도 한다.

하지만 나는 우아한 쇠퇴론에서 제기하는 질문이야말로 바로 탈근대적 사회를 향해 가는 첫걸음이라고 생각한다. 위와 같은 질문들은 근대적 의식에 머물러 있는 정책결정자나 국민으로부터는 결코 나올 수 없기 때문이다. 즉 근대적 사고방식이 지배적인 사회에서는 개개인의 삶의 질이나 '행복지수' 같은 개념보다 GDP라는 물질적인 부(富)의 총량적 개념이 훨씬 중요하다. 그런 사회에서 수도권 과밀, 교통 정체, 공해 같은 문제들은 양적이고 외형적인 성장을 위한 필요악이다. 아울러 빈부격차, 도농 격차, 기업 간 격차 또한 총량적인 발전을 위해 피할 수 없는 과정으로 간주되곤 한다.

그러나 탈근대적 사고방식을 가진 복지사회에서는 GDP보다 개개인의 삶의 질과 행복감이 중요하고, 총량적인 발전보다 지역, 계층 간의 균형발전이 훨씬 더 의미 있는 것으로 여겨진다. 《부의 위기》를 저술한 일본의 경제 저널리스트 오마에 겐이치가 '경제 대국'보다는 '생활자 대국'이 되어야 한다고 주장한 것도 같은 맥락이다. 경제 대국이라는 국가 이미지보다 서민들의 삶의 질과 안정성이 확보된 국가, 평범한 생활자들이 모여서 학습하고 놀고 서로 돌보는 사회가 훨씬 더 의미 있다는 것이다.

어쨌든 일본에서는 '우아한 쇠퇴론'을 현실에서 적용하기 위해 한 사람이 더 많은 부가가치를 창출할 수 있는 기술혁신, '하이브리드' 자동차처럼 더욱 선진적인 제품을 만드는 산업고도화, 애니메이션, 패션, 건축 등의 문화산업 분야로 지평을 확대하고 있다.

사실 '우리가 경제나 복지 면에서 일본을 따라잡을 수 있을까?'하는 의문을 가지고 일본을 바라보았던 1980~90년대는 물론 요즘에도 가끔 일본을 방문할 때마다 생각했던 것 이상의 어떤 '만만치 않은' 힘을 느끼곤 한다. 비록 거품경제의 붕괴 이후에도 10년 넘게 경기가 침체되었다고는 하나 단순히 경제적이고 외형적인 것만으로는 설명하기 어려운 어떤 것들 때문이다. 현대적인 것과 전통적인 것이 자연스럽게 어우러져 그들만의 독특한 분위기를 내는 문화산업을 포함하여 대를 이어 내려오며 전통을 유지하는 우동집 등에서 볼 수 있는 '장인정신' 등이 그것이다. 특히 일 때문에 만나게 되는 일본 공무원이나 사회복지사, 혹은 개인적으로 알고 지내는 평범한 사람들에게서도 '저게 바로 탈근대적 인간의 모습일까?'라는 느낌을 받을 때가 많다. 세계에서 알아주는 부자 나라에 사는 사람들치고는 지나치다 싶을 정도로 매사에 진지하고 생활이 검소하며, 욕심부리지 않고 작은 일에 최선을 다하는 태도 때문이다. 잊을 만하면 반복되는 지진과 홍수 등의 자연재해 탓도 있겠지만, 깊은 좌절과 실패를 겪어본 사람만이 보일 수 있을 것 같은 겸손함까지 갖추고 있다.

일본의 큐슈나 홋카이도 지방을 둘러보아도 '우아한 쇠퇴론'을 실천하는 지역이 생각보다 많다는 느낌을 받는다. 앞서 설명한 유후인처럼, '우아하게' 개발된 시골 마을이 많은 것이다. 그런 곳에 가면 자연이 살아 숨 쉬는 전통 마을의 향기를 어떻게 유지할 수 있는지, 동시에 지속 가능한 생활을 추구하는 다양한 삶의 모델이 어떻게 가능한지를 확인할 수 있다.

✤ 있는 그대로를 인정하고 선택하고
　　최적화하고 활용하라

　　나는 '우아한 쇠퇴론'의 개념을 개인에게도 적용해보고 싶다. 은퇴하는 과정, 나이 들어가는 과정에서의 '쇠퇴'를 있는 그대로 인정하고 가능하면 '우아하게' 받아들이는 것이다. 노화에 대해서 받아들일 건 받아들이고, 인정할 건 인정하되 '은퇴하면 어때?', '나이 들면 어때?'라고 당당하고 자연스럽게 묻는 것이다. 은퇴한다고 해서, 나이 든다고 해서 인간으로서의 가치가 줄어드는 것은 아니지 않은가? 그렇다면 무엇이 문제인가? 수입은 줄고, 몸은 불편해지고 있으며, 주름살은 나날이 늘어가고 있지만, 오늘 이렇게 행복하다면, 삶의 질이 더 높아질 수만 있다면 도대체 무엇이 문제인가? 은퇴와 노화의 과정을 통해 과거의 삶을 성찰하고 반성하면서 더 나은 삶의 모습을 느끼고 깨달을 수만 있다면, 가족과 친구와 더 많은 시간을 보내며, 열심히 배우고 일하면서 즐겁게 살아간다면, 여전히 사회에 참여하면서 아주 조금이라도 기여할 수 있다면 더 바람직한 삶이 아니겠는가?

　　나이 든 사람들이 지혜롭다면, 그건 '쇠퇴'의 과정을 통과했기 때문이다. "내려올 때 보았네. 올라갈 때 보지 못한 그 꽃"이라는 고은의 시처럼, 우리는 내리막길에서야 진실을 제대로 볼 수 있다. 그리고 그 마음 불편한 진실을 통해서만 오르막길에서 우리가 얼마나 자기중심적이고, 자기도취적이며, 어리석었는지 확실히 깨달을 수 있다.

30년 넘게 대기업에서만 일하다가 은퇴한 후에 중소기업을 돕는 봉사활동을 하고 있다는 C씨(58세)는 봉사 동기가 무엇인가라는 질문에 "은퇴하고 나서야 그동안 얼마나 어리석었는지 깨달았죠"라며 말을 꺼내기 시작했다.

"지금 생각해보면 어림도 없는 일이지만, 일할 때는 늙어 죽을 때까지 '갑'으로만 살 줄 알았어요. 은퇴하고 나서야 그때 하루가 멀다 하고 찾아와 굽실거리던 중소기업 직원들한테 왜 따뜻하게 손 한번 잡아주지 못했나, 왜 5천 원짜리 점심 한번 사주지 못했을까……. 많이 후회했죠. 그 사람들이 나를 보고 얼마나 스트레스를 받았을까 하는 건 생각하지 못했어요. 퇴직한 후에 잠도 안 오고, 그래서 곰곰이 생각한 끝에 마침 중소기업을 도와주는 봉사활동이 있다기에 얼른 신청했어요. 한 푼 버는 건 없지만, 마음은 한결 편하고, 부자가 된 기분이에요."

자, 그렇다면 '쇠퇴'를 인정하면서도 '우아하게' 일하고 활동하며, 사회에 이바지하기 위해서는 어떻게 해야 할까? 이에 대해 독일의 노화 심리학자인 발테스P.B. Baltes & M.M. Baltes 부부는 흥미로운 전략을 제시한다. 일명 'SOC전략'으로도 불리는 이 전략은 일과 활동을 '선택'하고 '최적화'하며 다양한 '보상방법을 활용'하라는 것이다.

나이가 들어서도 마라토너로서 계속 달리기를 원하는 사람이 있다고 치자. 그는 달리기에 더 많은 시간과 에너지를 투자하기 위해 다른 행위를 줄이거나 포기해야 하며(선택), 일상적 리듬을 유지하기 위한 훈련과 다이어트를 계속하며(최적화), 좋은 신발을 고르고 부상에 대비하는 전문가가 되어야 한다(보상).

음악가 루빈스타인은 말년에도 피아노를 계속 연주하기 위해 레퍼토리를 줄이는 대신에(선택) 더 많이 연습했으며(최적화), 빠르게 연주해야 하는 소절 앞에서는 일부러 천천히 연주하여 청중이 속도감을 두드러지게 느끼도록 연출했다고 한다(보상).

선택이란 일이나 활동의 영역을 제한시켜서 우선순위가 높은 영역에 집중하려는 노력을 의미한다. 대신 일단 선택한 일에 대해서는 양과 질을 극대화하기 위해 계속 노력한다. 즉 능력을 최대한 발휘하기 위해 앞서 예로 든 마라토너나 루빈스타인처럼 훈련과 개발을 게을리하지 말아야 한다는 것이다. 이와 마찬가지로 노화로 인한 손실을 보충하고 아직 남아 있는 능력을 발전시키기 위해 다양한 기술적 보상방법을 사용해야 한다. 때로는 목표나 기대를 조정해서, 때로는 안경이나 보청기를 사용해가면서 능력의 손실을 보상해야 한다는 것이다.

고령화와 인구 감소로 인한 위기를 극복하기 위해 제시된 우아한 쇠퇴론은 지난 수십 년간 우리를 지배해온 근대성에 대한 의문이나 반성과도 맞닿아 있다. 일본 못지않은, 아니 일본보다 더 빠른 고령화 속도를 기록할 것으로 예측되는 우리나라에서도 깊이 새겨볼 여지가 있는 이론이다. '우아함'을 유지하면서 지속 가능한 발전을 이루는 사회를 만드는 데, '우아한 마을공동체'를 만들어 나가는 데, 그리고 '우아하게' 나이 들고 싶은 개인의 삶의 질을 높이는 데에도 두루두루 적용되기를 기대한다.

- 은퇴에 대해서, 나이 듦에 대해서 긍정적으로 받아들이고 '우아하게' 살아보기!
- 일과 활동을 현명하게 선택하고 목표를 위해 노력하여 만족스러운 결과 얻기!

02 행복의 U자 곡선 :

나이 들수록
행복한 이유

당신에게 가장 행복했던 일생의 순간은 언제인가? 나이 먹을수록 행복해질 수 있다는 말을
믿을 수 있을까? 나이 든다는 것이 불행한 일인 것 같지만, 현실은 그 반대다. 나이가 들수록
더 행복하다는 사람들이 의외로 많다는데……. 가장 행복할 것 같은 나이에 행복하지 못하
고, 객관적으로는 도저히 행복하지 않은 것 같은 60대의 나이에 행복감을 느끼는 이유는 무
엇일까?

어느 토요일 아침, 지하철에서 전에 다니던 직장에서 은퇴한 분을 만난 적이 있다. 그분은 내가 살던 아파트의 바로 옆 단지에 살았기 때문에 전에도 가끔 동네에서 마주친 적이 있었다. 만날 때마다 멋있는 점퍼 차림에 행복한 표정을 짓고 있었는데, 그날도 역시 세련된 옷차림에 베레모까지 쓰고 외출하는 중이었다. 마침 지하철 안이 한산해서, 나는 호기심 어린 표정으로 물었다.

"김 선생님은 살아오시면서 어느 때가 가장 좋으셨어요? 30대, 40대, 아니면 50대 중에서요."

나는 속으로 생각했다.

'30대쯤으로 대답하시겠지. 아니면 혹시 20대?'

그런데 뜻밖의 대답이 날아왔다.

"지금이 제일 행복한걸."

그리고 놀라운 눈으로 쳐다보는 나에게 한마디를 더 덧붙이셨다.

"이렇게 좋을 줄 알았으면, 더 빨리 은퇴하고 노인이 되는 건데 말이야……."

그분의 대답이 진심이라는 것을 표정이 말해주고 있었다. 신선한 충격이었다. 그 당시 나는 늙는다는 사실을 한창 고통스럽게 받아들여야 했던 40대 초반이었다. 지금 생각해보면 너무나 반짝이는 젊은 나이였는데도, 거울을 볼 때마다 '아아, 어느새 마흔이라니. 어렸을 때 마흔이 넘은 사람은 무슨 재미로 살까 한심하게 생각했었는데'라고 중얼거리면서 한숨짓곤 했다. 정상에 있으려고 필사적으로 버티지만 벌써 언

덕을 넘어 내리막길에 들어선 기분이랄까? 한세상을 다 알아버린 듯한
스산한 느낌이었다.

❖ 나이 든 사람도 행복할 수 있을까?

사실 노인에 대한 여러 가지 객관적인 지표들은 60대가 절대 행복하
지 않은 시기라는 걸 잘 보여준다. 우리나라 60대 이상 인구의 생활실태
조사결과를 살펴보면, 행복할 수 없는 조건을 모두 가진 것처럼 보인다.
경제적으로 열악하고, 각종 질병으로 힘들어하며, 외로움에 허덕이고 있
는 사람들이 매우 많기 때문이다.

보건복지부의 2008년 〈노인실태조사〉 결과에 의하면 60세 이상 인
구의 평균 월 소득액은 69만 원이고, 월평균 용돈액수는 16만 원에 불과
한 것으로 나타났다. 60세 이상의 78.8퍼센트가 1개 이상의 만성질환을
앓고 있으며, 23.2퍼센트는 1가지 이상의 일상생활 동작능력(신체적 일상
생활 동작능력 Activities of Daily Living, 수단적 일상생활 동작능력 Instrumental Activities of Daily
Living) 상의 장애를 가지고 있다. 참여하는 여가 활동을 조사한 결과에 의
하면, 가족과 함께하는 쇼핑, 외식 등이 52.3퍼센트로 가장 많으며, 친구
들과의 사교활동이 18.5퍼센트, TV 시청, 신문 보기, 라디오 청취 등이
10.5퍼센트, 종교활동이 6.7퍼센트 정도였다. 여행이나 각종 취미활동,
교양강좌 등에 참여하는 60세 이상 인구의 비율은 1~2퍼센트 대에 머물
렀다.

또한, 생물학적, 심리적, 사회적 노화에 관한 연구결과들도 60대가 절대 행복하지 않은 시기라는 걸 잘 보여준다. 우선 신체구조 및 감각기능이 쇠퇴하고, 인지 및 정신기능도 점차 부정적인 방향으로 변한다. 게다가 나이 든 사람에 대한 사회의 시선은 부정적이고, 사회적 '연령규범'에 대한 합의도 턱없이 부족하다. 노년기에 적합한 가치나 지식, 태도를 가르쳐주는 사람이나 학교가 없으니 '잘 나이 드는 기술'을 배우고 싶어도 배울 수 없다. 즉 '노화'라는 단어는 전체적으로 성장이나 성숙과는 대비되는 퇴행적 발달을 의미할 뿐이다.

따라서 우리는 노인을 그저 쇠락해가는 초라한 인간일 뿐이라고 믿기 쉽다. 각종 질병에 시달리고 기능은 부실해져 괴로워하면서 아무도 피할 수 없는 죽음을 향해 걸어가는 사람 정도로 말이다. 특히 사회가 발달할수록 노인의 위치는 더욱더 열악해진다. 미국의 사회학자 카우길과 홈즈 D.O. Cowgill & L.D. Holmes 는 한 사회가 현대화할수록 노인의 지위는 점점 더 하락한다는 '현대화이론'을 주장했다. 현대사회에서 노인이란 수입이 줄고, 소외감과 고립감이 커지고 의존성이 높아지며, 사기가 저하된 사람으로 인식된다. 특히 은퇴 전 직업에 모든 것을 걸어온 사람일수록 정년퇴직 후에 역할의 단절과 사회적 손실을 더욱 절실하게 경험한다.

위의 이야기를 들으면 들을수록 나이 든다는 것은 불행한 일인 것 같다. 그러나 이상하게도 현실은 그 반대다. 김 선생님처럼 나이가 들수록 더 행복하다는 사람들이 의외로 많다.

이는 사회과학 실험을 통해서도 입증되었다. 2005년 5월부터 영국의 소도시 슬라우Slough에서는 심리학, 의학, 사회학 분야의 조사를 통해 수립된 '행복학이론'이 효과가 있는지 알아보기 위한 사회 실험이 진행되었다. 3개월에 걸쳐 입증된 사실 중 하나가 바로 '나이 든 사람이 젊은 사람보다 삶에 대해 더욱 만족하는 태도를 보인다'라는 것이다. 삶의 만족도를 보여주는 중요한 지표인 우울감을 기준으로 볼 때에도, 20~24세의 사람들이 한 달 중 우울한 기간은 평균 3~4일인 반면 65~74세인 사람들은 2~3일에 불과한 것으로 나타났다.

40개국에서 6만 명의 성인을 대상으로 한 또 다른 대규모 연구에서는 행복을 인생에 대한 만족도, 유쾌함, 불쾌감 등 세 가지 구성요소로 나누었다. 연구 결과, 나이가 듦에 따라 유쾌함은 서서히 감소하고 불쾌감은 변화가 없었던 반면, 인생에 대한 만족감은 서서히 증가하는 것으로 나타났다.

'행복과 나이의 관계는 U자 형태를 보인다'라는 연구결과도 있다. 2010년 12월 16일자《이코노미스트》에 의하면, 세계 72개국을 대상으로 한 행복도 조사에서 사람들이 태어났을 때와 죽음이 가까워질 때 가장 큰 행복을 느낀다는 결과를 발표한 바 있다. 조사마다 조금씩 차이는 있지만, 여자 37세, 남자 42세 때 인생에 대한 만족도가 가장 낮다는 연구결과도 발표되었다. 즉 우리가 흔히 인생에서 가장 생산적이고 그래서 가장 행복할 것으로 생각하는 30~40대가 사실은 가장 행복감이 낮은 시기이고, 가장 행복하지 않으리라고 여겨지는 노년기의 행복감이 오히려 더 높다는 것이다.

❖ 60대가 더 행복한 이유

우리나라의 '전국 노인생활 실태조사'에서도 노인의 생활만족도는 비교적 높은 것으로 나타났다. 2004년 한국보건사회연구원이 전국 노인 3,278명에 대해 조사한 결과에 의하면, 전반적인 삶의 만족도에 관한 질문에 '만족'과 '매우 만족'이라고 응답한 노인의 비율이 43.1퍼센트로서 '불만족'과 '매우 불만족'의 24.3퍼센트를 훨씬 상회했다.

그렇다면 이처럼 가장 행복할 것 같은 나이에 가장 행복하지 못하고, 객관적으로는 도저히 행복하지 못할 것 같은 나이에 행복감을 느끼는, 이 역설적인 상황을 어떻게 이해할 수 있을까? 김 선생님이 말한 것처럼, 60대가 가장 행복한 이유는 무엇일까?

바로 삶에 대한 주관적 관점이 변하기 때문이다. 노화란 이미 정해진 운명이다. 그러나 사람들은 운명으로 정해진 삶을 살지 않는다. 내가 주체가 되어 내 삶의 맥락을 바꾸는 것이다. 비록 생물학적인 쇠퇴를 피할 수 없고, 주름살은 늘어만 가고 모든 감각기능은 낮아지며, 수입은 적고 생활비는 부족하고, 사회적으로 날 알아주는 사람 하나 없지만, 그럼에도 나는 '행복하기로 마음먹는 것'이다.

노인 대상 연구를 할 때마다 '노인들이 가진 고통과 슬픔의 역사마저도 행복에 도움이 되는 걸까?' 라는 의아한 느낌이 들곤 한다. 자기 자신도 추스르기 힘든 몸으로 이혼한 아들을 대신하여 반항기에 들어선 손자까지 키워야 하는 여자 노인이 "물론 힘들죠. 하지만 그럴수록 더 기운을 차려야겠다고 마음을 다잡다 보니까 건강에도 더 신경 쓰게 되고, 무엇보다도 커가는 아이들 보는 재미로 살아가지요"라면서 생에 대한 강한 애착과 희망감을 보일 때에는, 인간의 심리가 행복으로 돌아가도록 설계되어 있다고 주장한 미국 하버드대학 대니얼 길버트^{D. Gilbert} 교수의 글이 생각나면서 '행복으로 돌아가려는 심리구조가 나이 들수록 더 강해지는 것일까?' 하는 생각도 든다.

나이 들면서 추상적 사고를 할 수 있는 능력을 가지는 것도 행복에 도움이 될 것이다. 즉 사람들은 나이 들수록 세밀한 것을 망각하는 대신, 맥락과 상징, 은유 등을 사용하여 더욱 높은 차원의 의미를 만들어간다. 문화심리학자인 김정운 교수가 지적하듯이, 기억력이 쇠퇴하는 데 대한 반대급부로 '지혜'를 얻는 것이다. 지혜란 '선택의 범위를 줄이는 능력'이다. 모든 것이 풍부하고 선택의 범위가 넓을수록 좋다고 생각하는 젊을 때와는 달리, 나이가 들면 불필요한 것은 아예 기억에서 지워버린다. 꼭 필요한 기준들만으로 사물을 판단하고 결정하는 것이다.

이런 지혜로움은 도대체 어디서부터 오는 것일까? 오랜 시행착오의 결과가 아닐까? 노인들은 오랜 시행착오의 경험을 통해 성취할 수 있을 만한 현실적인 목표를 세울 줄 안다. 그리고 오랜 시행착오를 통해 감정을 조절하는 법을 배웠다. 따라서 자신을 불행하게 만드는 감정은 흘려보내고 오로지 행복하게 만드는 것들에만 집중할 수 있다. 오랜 경험을 통해 현재의 상태가 영원하지 않다는 것도 잘 알고 있다.

그렇다고 노년기가 최고로 행복하다거나 완벽하게, 절대적으로 행복하다는 뜻은 아니다. 노인들은 이 세상이 낙원이 아니라는 걸 잘 안다. 이 세상이 평화롭고 편안하기만 한 곳이 아니라는 걸 알고 있다. 조용한 호수와 파란 하늘, 하얀 구름을 완벽하게 보여주는 그림은 '이발소'에나 걸려 있을 뿐, 이 세상은 오히려 거칠게 쏟아지는 폭우와 번갯불, 그리고 요란스러운 천둥소리로 가득 차 있다는 것도 알고 있다. 그럼에도 노인들은 깨진 바위틈의 작은 덤불 속에서 보금자리를 틀고 있는 한 마리 새처럼 평화롭고 행복할 수 있는 것이다.

얼마 전에 독일에서 활동하는 화가, 노은님(65세)의 개인전 '가장 행복한 날은, 오늘!'을 보러 갔을 때도 그런 느낌이 들었다. 스물한 살에 독일의 간호보조원이 되려고 조국을 떠났던 그녀의 젊은 시절은 '마음이 늘 지옥이었다'고 한다. 그러나 끊임없이 남과 자신을 비교하면서 자신을 초라하게만 여겼던 화가에게 약이 되어준 것은 역시 세월이었다. 화가의 나이 65세. 그녀는 나이 든 지금에야 마음이 편해지고 자신감도 생겼다고 말하고 있었다. '오늘이 가장 행복하다'는 전시회 제목도 그렇지만, 한결같이 밝고 강렬한 색깔로 물고기·새·나비·어린이를 그린 그녀의 그림들이 내게는 '나이 들어서 행복해요' 라고 말하는 듯 느껴졌다.

'60대가 행복한 이유!'

40대 초반만 해도 그 이유를 몰랐지만, 이제는 잘 알 것 같다. 그때만 해도 세상을 다 얻은 것 같은 행복만이 행복인 줄 알았지만, 이제는 그렇지 않다. 세상을 다 얻은 것 같은 그런 행복은 부담스럽기도 하지만, 그런 행복이야말로 조건부 행복, 시한부 행복이라는 걸 잘 알게 되었다. 이제 나는 조건과 시한이 없는 '지속 가능한' 행복을 추구한다.

혈중농도가 너무 진한 행복감도 바라지 않는다. 그렇게 '짙은' 행복감은 자칫 경솔한 판단과 행동으로 이어질 수 있기 때문이다. 행복감의 혈중농도가 10점 만점에 6점이나 7점 정도면 충분하지 않을까 생각한다.

남을 이기는 것이 내가 행복해지는 길이라고 생각하지도 않는다. 언제나 이길 수는 없으며, 때로는 지는 것이 이기는 것보다 더 실속 있다는 걸 잘 알기 때문이다. 언제나 인생이 행복감으로 가득 차 있어야 한다고 생각하지 않는다. 그러다가는 조그만 부정적인 감정에도 무너질지 모르는 일이다. 이제 나는 웬만한 불행과 고통, 그리고 쇠퇴에도 끄떡하지 않는 '강인한' 행복을 추구한다.

해서, 나는 이 나이에 행복하다. 상상 속의 두려움 때문에 고통스러웠던 10대나 20대는 물론이고 훨씬 안정되고 행복했던, 아니 행복해졌다고 믿었던 30대, 40대로도 돌아가고 싶지 않은 이유다.

- '나는 행복합니다'라고 마음속으로 주문을 걸어보자
- 나이 들수록 꼭 필요한 기준들로만 사물을 판단하고 결정하는 지혜가 생긴다는 것을 명심하자

03 성공과 실패의 통합 :
너희가 가난을 알아?
고통을 알아?

사연 없이 세상을 살아가는 이들은 얼마나 될까? 굴곡진 인생을 살아온 노년 세대의 험난한 인생이야기를 귀담아 들어보자. 삶이 힘들었지만 그들이 버틸 수 있었던 이유는 인생의 성공과 실패를 모두 긍정적으로 받아들였기 때문이다. 앞으로 살아갈 날들을 위해, 노년기에 절망하지 않기 위해, 살아가면서 마주치는 복잡하고 정교하게 뒤섞인 기쁨과 슬픔들을 인생에 통합해보자!

가난할 뿐 아니라 두세 가지의 질병을 앓고 있고, 심리적으로도 어려움을 겪는 노인들을 자주 만난다. 특히 IMF 이후부터는 영화 〈집으로〉에서처럼, 도시에 나가 살다가 이혼하거나 사업에 실패한 자식들의 자녀까지 키우느라 고생하는 노인도 자주 만난다. 이들은 "내 한 몸 추스르기도 어려운데, 쟤들 때문에 죽으려 해도 죽을 수도 없다"고 하소연한다.

⟶ 툇마루에서 추운 겨울을 나야 했던 92세 할머니

그 누구보다도 가난하고 불행해 보였던, 그래서 몇 년이 지난 지금까지도 기억에 선명한 사람은 전남 장성군 삼계면의 산골 마을 외딴 집에 살던 92세의 할머니다. 그 집에 찾아갔을 때, 작고 마른 몸집의 할머니는 금방이라도 무너질 것처럼 낡은 집의 툇마루에 앉아 있었다. 92세의 노인이 살기에는 툇마루가 너무 높았고, 부엌은 계단을 통해 아래로 내려가야 하며, 화장실 또한 멀리 떨어진 재래식 구조였다. 한마디로 관절에 심하게 부담을 주는 주거환경이었다.

그러나 더 심각한 문제는 그 집의 하나밖에 없는 방을, 사고로 장애인이 된 60세가 넘은 아들이 차지하고 있다는 사실이었다. 게다가 아들은 걸핏하면 할머니를 폭행했다. 그래서 할머니는 아들을 피해 툇마루에서 생활해왔고, 심지어 한겨울에도 바람막이 하나 없는 툇마루에서

밤을 지새운다는 얘기를 들었을 때, 우리 일행은 그야말로 할 말을 잊고 말았다.

정말 딱한 노릇이었다. 사회복지사에 의하면, 할머니는 자식을 여럿 두었지만 모두 어렵게 사는 듯 어머니를 돌보지 않는다고 했다. 게다가 아직 이웃 간의 공동체 의식이 강하게 남아 있는 산골 마을임에도 불구하고 동네 사람들로부터 인심을 얻지 못했는지 이웃들로부터도 도움을 받지 못하고 있었고, 이장님만 가끔 찾아오는 정도였다. 할머니는 평생 그렇게 가난하고도 외롭게, 당신 표현대로 '복도 지지리 없이' 살아왔다.

그런데 매우 불행하고 고통스러워 보이는 이 할머니는 의외로 '강점'을 가지고 있었다. 우선 건강 상태가 좋은 편이었다. 그토록 높은 툇마루와 재래식 부엌, 재래식 화장실을 드나드는 주택구조임에도, 가벼운 신경통을 제외하고는 전체적으로 건강이 아주 양호한 상태였다. 청력도 좋아서 대화하는 데에도 아무런 불편함이 없었다. 더 놀라운 건 할머니의 정신력과 기억력이었다. 국가로부터 매달 입금되는 기초생계비(당시 30만 원 정도)를 타기 위한 통장과 도장을 당신이 직접 관리하고 있는 건 물론, 호시탐탐 그것들을 노리는 아들의 눈을 따돌리기 위해 이 항아리에서 저 항아리로, 이 냄비에서 저 냄비로 끊임없이 옮겨 놓는다고 했다. 비록 아들에게 방은 뺏겼지만, 돈만은 절대 뺏기지 않으려는 할머니의 의지와 노력은 정말 눈물겨운 것이었다.

그렇다고 아들을 미워하거나 돌보지 않는 것도 아니었다. 그전 해겨울 사회복지사가 겨울만이라도 요양시설에서 나도록 할머니에게 단기보호서비스를 제공했지만, 한 달도 채 못 채우고 집으로 돌아왔다고 한다. 사회복지사와 요양시설 관계자 모두가 날이 풀릴 때까지 시설에서 따뜻하게 지내시라고 간곡하게 권유했지만, 아들 때문에 집으로 가야 한다고 우기는 할머니를 말릴 사람은 아무도 없었다.

결국 가장 시급한 건 할머니가 혼자 쓸 수 있는 방을 마련하는 일이었다. 할머니 자신도 방이 꼭 하나 있었으면 좋겠다고 말했다.

"나 죽으면 사람들이 앉을 데가 없어서……, 방이 있어야 장례도 치를 텐데……."

즉 당신 자신을 위해서라기보다는 죽은 후에 찾아올 사람들이 앉을 공간이 필요하다는 뜻이었다.

그 후 모 방송국의 도움으로 부엌 옆의 창고처럼 쓰던 방을 할머니 방으로 만들었을 때, 할머니는 무척 행복해하셨다.

하지만 그 방을 오래 써보지도 못한 채 얼마 안 있어 세상을 떠나셨다. 사망 소식을 나중에야 알고 놀라는 내게 담당 사회복지사는 할머니는 그토록 원했던 '혼자만의 방'과 편리한 부엌, 화장실을 갖게 되어 매우 행복하게 마지막 나날을 보냈고, 임종도 편안했다고 했다.

할머니가 그 방에 앉히고 싶어 했던 사람은 누구였을까? 당신이 세상을 떠난 뒤 누가 오기를 기다렸던 것일까? 비록 자주 만나지는 못했지만, 마음속으로는 항상 그리워했을 자식들이었을까? 아니면 동네 사람들이었을까? 그들과 죽어서라도 화해하고 싶었을까? 사실은 친하게 지내고 싶었다고 말하고 싶었을까? 아니면 끝까지 자신을 성심성의껏 보살펴준 사회복지사였을까?

나는 요즘도 가끔, 하나밖에 없는 방을 아들에게 뺏기고 툇마루에서 추운 겨울을 나던 가엾은 노인을 생각한다. 이 할머니처럼 최저한의 생활마저 보장받지 못하는 노인들이 아직도 많다는 것을 생각하면 안타깝다 못해 무력감마저 느낀다. 하루 대부분을 집 안과 주변에서 보내는 노인들에게 '집'이란 매우 중요한 공간임에도, 선진 복지국가들처럼은 아니더라도 최소한의 안전과 편안함도 보장하지 못하는 우리의 복지 수준이 부끄러울 뿐이다.

그나마 다행인 건 노인들 자신의 강한 의지와 생활력이다. 한데서 추운 겨울을 날 정도로 가난했던 할머니도 마찬가지다. 할머니를 생각할 때마다 내 가슴에 떠오르는 불쌍하고 초라한 모습 위에 오버랩 되는 또 하나의 모습은, 자타가 공인하는 고통스러운 상황에서도 절대로 절망하지 않았던 강인한 정신력과 생활태도, 그리고 삶에 대한 의지를 보였던 모습이다.

요즘엔 길에서도 노인들을 찬찬히 살펴보게 된다. 그들의 얼굴 안에 차곡차곡 쌓여 있는 20~30대 때의 젊은 얼굴, 40~50대 때의 모습을 그려보기 위해서이기도 하지만, 그보다도 오랜 세월을 견디며 살아왔다는 사실 그 자체, 온갖 어려움을 헤치고 '노인'이라고 불리는 나이가 되기까지 '살고 있다'는 그 자체만으로도 존경스러운 마음이 들기 때문이다.

2000년 8월에 이루어졌던 제1차 남북 이산가족의 만남이라는 거대한 '드라마'에 출연하는 노인들을 본 적이 있는가? 자전거를 사러 나갔다가 행방불명된 아들을 50여 년 만에 만난 여자 노인이 역시 백발노인이 된 아들을 만나자마자 "그래 자전거는 샀니?"라며, 마치 엊그제 만난 아들한테 하듯 질문하는 모습을 TV에서 보았을 때, 나는 울고 말았다. 그 작은 가슴 속에 쌓였을 한이 너무나 안타까웠고, 동시에 그런 고통의 세월을 50여 년이나 견디고도 그렇게 의연하게 '살아 있는' 노인이 너무나 대단해 보였기 때문이다.

노인들의 이야기에는 희극적인 요소도 있다. 진한 눈물이 배어 있어서 웃으면서도 가슴이 아린, 그런 종류의 희극 말이다. 박상철의 《100세인 이야기》에는 슬퍼서 더 웃음이 나는 노인의 이야기가 나온다. 박 교수 일행이 찾아가 만난 전북 순창군 구림면에 사는 100세 할머니는 작년에 아들이 일흔아홉의 나이로 세상을 떠난 후부터 말을 잘 하지 않고, "아들을 앞서 보냈는데, 무슨 살맛이 있겠어"라며 박 교수 일행에게도 대화를 회피했다. 하지만, 온 마을이 다 아는 유명한 애주가인 할머니는 조사팀이 사 간 소주 몇 잔에 말문을 연다. 그러곤 죽은 아들 얘기를 하면서 하염없이 눈물을 흘리던 할머니가 갑자기 소나기가 내리자 일흔다섯 된 며느리에게,

"얘야, 어서 나물 바구니 치워라."

하며 씩씩하게 소리치는 장면. 이것이야말로 요즘 인기 절정인 〈개그콘서트〉보다 몇십 배 수준 높고도 애달픈 코미디라고 생각하지 않는가?

경제가 어려워지면서 돈 때문에 걱정하고 고민하는 사람들이 너무나 많다. 걱정하고 고민하는 정도가 아니라 돈 때문에 세상을 등지는 사람들, 자신뿐 아니라 어린 자녀의 생명까지 뺏는 사람들도 늘고 있다. 오래전 故 박완서 작가의 소설에서, 아주 부유하게 살다가 갑자기 가난해진 어떤 집의 엄마가 '구차하게' 살고 싶지 않다면서 자식들을 데리고 자살하는 내용의 이야기를 읽었을 때만 해도, 중산층의 허위의식을 보여주기 위해 소설가가 지어낸 허구일 뿐이라고 위안했었다. 그런데 요즘엔 그런 이야기들이 모두 '현실'이 되고 있다. 자기 살기 어렵다고 자식을 버리는 사람들, 혹은 늙은 부모에게 자식을 맡기고 연락조차 하지 않는 사람들도 늘어나고 있다.

물론 가난은 극복해야 할 '사회문제'임에 틀림없다. 그래서 상대적 빈곤의 문제에도 우리 모두 관심을 기울여야 한다. 하지만, 한데서 겨울을 나던 92세 할머니라면, 가난을 지나치게 못 견뎌하고, 지나치게 힘들어하고 구차하게 여기는 우리에게 무어라고 하실까? 불과 몇 십 년 전에 모두 함께 겪었던 배고픔의 기억도 잊은 채 돈 없어서 못살겠다고 소리치는 우리에게 이렇게 묻지 않을까?

"니들이 가난을 알아?"

✣ 인생의 봄밖에 모르는 30대 며느리

한 인터넷 사이트에서 노인 문제 상담을 하고 있을 때였다. 한번은

'어떤'이라는 아이디를 가진 결혼생활 14년 차, 30대 며느리가 매우 격앙된 어조의 메일을 보내왔다. 자신이 시어머니와 남편에게 오랫동안 감쪽같이 속아왔다는 것이다. 결혼한 지 8년이 지난 후에야 남편에게 두 명의 어머니가 있다는 것을 알게 되었을 뿐 아니라, 그 후로부터 또 6년이 지난 후에 함께 모시고 사는 남편의 친어머니가 실제로는 호적상 남남이라는 사실을 알게 되었다는 것이다. 말하자면 시어머니는 젊었을 때 혼외관계로 남편을 낳았고, 또 다른 남자와의 사이에 다른 아들을 두었으며, 지금도 호적상으로는 그 아들의 어머니로 되어 있다는 것이다.

이 며느리가 나에게 원한 것은 자신의 혼란스러운 심리 상태나 고부관계에 관한 상담이 아니라 '법적인' 조언이었다. 질문의 핵심은 '호적상 남남인 시어머니에 대한 법적인 부양의무가 누구에게 있는가? 호적상의 아들이 시어머니를 부양해야 하는 것 아닌가?' 하는 문제였다. 이 며느리는 '법적으로' 조언해달라는 말을 여러 번 강조했다. 시어머니는 도덕적으로 할 말이 없는 더러운 여자이며, 실패한 인생이어서 더는 상종하고 싶지 않다는 것이었다.

가족법 전공교수의 자문까지 받은 결과, 나는 그녀의 남편도 호적상의 아들과 공동으로 부양의무를 가지고 있다고 대답해주었다. 즉 그녀의 시어머니는 비록 호적상으로는 남남이지만, 남편의 친어머니로서의 모든 법적인 권리를 가지고 있는 것이다.

그러나 만일 그녀가 법적인 조언뿐 아니라 '시어머니 혹은 시어머니의 인생을 어떻게 이해해야 하는가?, 앞으로 남편과 시어머니에게 어떤 태도를 보여야 할까?' 하는 문제들에 관해 의견을 구했다면, 훨씬 더 많이 고민했을 것이다.

나는 이 며느리가 느꼈을 당혹감에 대해서 공감이 갔다. 결혼 후 14년이 지나서야 남편과 시어머니 간 관계의 전모를 알게 되었다는 사실만으로도 그녀는 배신감을 느꼈을 것이다.

이와 동시에 그 시어머니의 입장도 헤아려보았다. 그녀는 시어머니에 대해 '도덕적으로 할 말이 없는 더러운 여자', '실패한 인생'이라고 표현했다. 하지만, 내가 보기에 그녀의 시어머니는 온갖 우여곡절 끝에 호적상 남남인 아들과 살 수밖에 없는 처지가 된, 자랑스러운 인생을 살았다고 할 수는 없지만 그렇다고 대단히 나쁜 일을 한 것도 아닌, 인생의 풍파에 휩쓸릴 수밖에 없었던 많은 사람 중 하나일 뿐이다.

그런데도 이제 인생의 봄밖에 알지 못하는 30대의 젊은 며느리는 인생을 흑과 백으로 나누고, 시어머니를 세상에서 가장 비도덕적이고 실패한 사람인 양 비난하고 있다. 잔인하도록 뜨거웠던 여름을 보내고, 비로소 거울 앞에 돌아와 삶을 돌아보았을 시어머니의 마음은 어땠을까?

내가 만약 그 시어머니라면, 딱 한마디만 했을 것이다.

"니들이 인생을 알아?"

나도 전에는 인생을 흑과 백으로 나누고, 선과 악이 분명히 갈라져 있다고 생각했었다. 최근에야 이 세상에는 선인 같은 악인, 악인 같은 선인이 많아서 사람을 섣불리 판단해서는 안 된다는 사실과 함께, 나 자신의 내부에도 선과 악이 공존한다는 걸 인정하게 되었다.

인생의 성공과 실패도 마찬가지다. 이제 보니 인생에는 성공과 실패가 매우 복잡하고도 정교하게 뒤섞여 있다. 기쁨과 슬픔, 즐거움과 고통도 모두 그렇다. 이제야 에릭슨 E. H. Erickson이 왜 노년기의 발달과업으로서의 '통합'을 그토록 강조했는지, 그리고 왜 통합이라는 발달과업을 이루지 못하면 '절망'이 온다고 얘기했는지 어렴풋이나마 알 것 같다.

에릭슨은 노년기에 '절망'하지 않기 위해서는 인생이 서로 다른 두 개의 요소, 즉 성공과 실패, 선과 악, 기쁨과 슬픔, 즐거움과 고통으로 뒤섞여 있다는 걸 알아야 하고, 나이가 들면 양면적인 요소를 모두 인생의 조건으로 받아들여 '통합'할 수 있어야 한다는 점을 강조했다. 젊을 때는 결코 인정하고 싶어하지 않았던 인생의 어두운 부분, 아팠던 과거, 그리고 앞으로 다가올 죽음마저도 자신의 인생 안에 '통합' 해야 한다고 말했던 것이다.

요즘, 작은 일에도 실망하고 좌절하는 사람들을 많이 마주친다. 그럴 때마다 이들은 자신의 실패와 패배, 고통을 너무 과대평가하거나 속단하는 건 아닌가 생각한다. 조금만 더 기다리면 실패와 패배, 고통의 또 다른 얼굴을 볼 수 있다는 것도 모르고 너무나 급하게 절망하고 포기하는 건 아닐까?

실패한 인생이라고? 그건 더 나이 든 후에, 아니 어쩌면 죽은 후에야 확실히 알 수 있는 것이다. 그러니 그때 가서 판단해도 늦지 않다. 자꾸 절망스럽게 느껴진다고? 살다 보면 몇 번쯤 절망할 일도 생기겠지만, 그건 누구의 삶도 마찬가지다. 아무리 절망스러운 순간에도 생명을 포기하는 일 따위는 '절대' 하지 말아야 한다.

• 서로 다른 기쁨과 슬픔을 인생의 조건으로 받아들이고 통합해보자!
  인생의 단맛과 쓴맛은 누구나 경험할 수 있는 것들이다

04 은퇴 후 미래 :

행복한 삶을 위한
생각 바꾸기

한국사회에서 행복한 노후를 살아가는 데 드는 비용은 얼마나 될까? 돈이 어느 정도 마련되어야 안정된 삶을 누린다지만, 터무니없게 많은 비용이 드는 은퇴산업의 현실을 생각하면 할 말을 잃는다. 은퇴이민, 실버타운 등의 노후 대책이 가지고 있는 문제점은 무엇일까? 결국에는 돈이 전부는 아니라는 이야기다. 당신은 어떤 선택을 할 것인가?

일생을 한 지역에서만 살면서 '은퇴 후 노후를 어디에서 보내며 살 것인가?'라는 고민은 하지 않았던 우리 부모 세대와 달리, 우리 세대의 사람들은 '은퇴 후 어디서 살지? 다른 나라에서 살면 어떨까?'라는 또 하나의 선택의 문제에 직면한다. 저축한 돈이 많다면 노후 걱정은 없겠지만, 자녀교육에 공들인 대다수 베이비붐 세대의 주머니는 얄팍하기만 하다. 행복한 미래가 꼭 돈으로만 보장되는 건 아니지만, 그들의 걱정은 이만저만이 아니다. 노후를 위해서 어떤 선택을 해야 할까?

❖ 동남아 은퇴이민, 환상적 대안일까?
– 은퇴산업의 마케팅전략

얼마 전에 30여 년의 이민생활 끝에 어렵게 역이민을 결정하고 일산에 아파트까지 마련한 친구를 만났다. 한국생활이 어떠냐고 묻는 내게 그 친구는 전혀 예상치 못한 대답을 했다.

"미국에서 살 때는 고국이 그렇게 그립더니, 막상 여기서 살아보니까 미국이 얼마나 살기 좋은 곳인 줄 몰랐다는 느낌이야."

그 친구의 딜레마를 이해할 수 있을 것 같았다. 여기 살면 저기가 좋은 것 같고 저기서 살면 여기가 좋은 것 같은, 인간의 근원적인 갈등 때문이기도 하지만, 글로벌 시대를 사는 사람들에게 부과된 또 하나의 고민이자 딜레마일 것이다.

이런 와중에 우리의 시선을 끄는 광고가 있다.

"200만 원 안팎의 돈으로 가정부와 운전기사를 고용하고, 골프 치며 살 수 있는 곳!"

이런 환상적인 광고에는 반드시 골프채를 들고 있거나 골프를 치며 행복하게 웃고 있는 부부의 모습이 등장한다. 자세한 내용인즉슨, 한국(정확하게 말하면 서울이나 수도권)에서 필요한 노후자금의 50퍼센트만 있으면 물가가 싸고 기후가 따뜻한 동남아에서 꿈에 그리던 상류 생활이 가능하다는 것이다. 영화 속에서 보던 생활이 실제로 가능하다는 친절한 설명도 필수적으로 뒤따른다.

하지만 다른 나라로 이민까지 갈 정도로 골프나 상류 생활이 중요할까? 과연 골프나 상류 생활은 다른 모든 것들을 기꺼이 희생할 만큼의 교환가치를 가지는 것일까?

노인인구가 많은 선진국일수록 은퇴자를 위한 산업이 성업 중이다. 오랜 불황에 허덕이는 일본에서도 은퇴자나 노인을 위한 산업만은 예외라고 한다. 은퇴자를 위한 크루즈 여행상품, 값비싼 수제 면도기 같은 제품들이 불티나게 팔린다고 하는데 미국도 역시 마찬가지다. 눈이 침침해진 베이비붐 세대를 위해 책의 크기와 글자를 키워 만드는 출판사들이 늘고 있고, 그렇게 만든 책도 잘 팔린다고 한다(이런 산업은 발달할수록 좋을 것 같다!). 복고풍 자동차 등을 앞세워 옛날을 추억하게 하는 '향수 마케팅'에 열을 올리고 있다는 소식도 들린다.

특히 은퇴자를 위한 주거산업이 가장 발달한 나라는 미국이다. 은퇴자 주거산업의 발전과정을 살펴보면, 미국정부가 노인 주거보조정책을 제시한 1950년대 중반부터 개발업자들이 중산층 은퇴자를 위한 주거단지 개발에 관심을 가지기 시작했다. 이후 1960년대부터 은퇴산업이 본격적으로 활성화되기 시작하면서 고객을 끌어들이기 위한 휴양단지 광고가 나타났고, 그림 같은 모델하우스와 유명한 골프코스 사진이 있는 브로슈어, 인쇄물들이 쏟아져 나오기 시작했다.

다시 말해서 최근에 우리나라 은퇴자를 유혹하는 여가 중심 은퇴산업은 미국에서 1960년대에 이미 나타나기 시작한 것이다. 당시 미국의 은퇴자들은 동남아 같은 외국이 아니라 플로리다, 조지아, 캘리포니아 등의 남쪽지방으로 이동했다. 남쪽 지방으로 이동하는 추세는 요즘에도 계속되고 있어서 은퇴자의 절반 이상이 다른 지역의 은퇴자마을Retirement Community로 이사하는 것을 고려하고 있다고 한다.

한편, 일본에서는 1990년대부터 은퇴이민이 시작되었다. 즉 은퇴자들이 물가 높고 이자율 낮은 일본에서 고생할 바엔 물가가 싼 동남아국가로 이민 가는 것이 낫다고 판단했던 것이다. 특히 일본은 세계에서 가장 빠른 고령화 때문에 연금수령액이 자꾸 줄어들면서 생활비가 싼 곳을 찾는 사람이 증가하는 추세라고 한다. 일본에서는 이를 '연금이민', 혹은 가정부와 운전기사를 두고 골프를 즐길 수 있다는 점에서 '낭만적 황혼 이민'이라고 부르기도 한다.

여기서 잊지 말아야 할 것은 이처럼 은퇴자의 주거 이동을 부추기는 것이 은퇴산업의 현대적 마케팅 전략이라는 점이다. 즉 은퇴자들에게 그동안 수고했으니 이제는 일에서 벗어나서 골프나 즐기면서 고급스럽게 살라고 부추겨서 이들로 하여금 은퇴 후 생활에 대한 또 하나의 '환상'을 갖게 하는 것이다.

은퇴산업의 현대적 마케팅 전략이 가지고 오는 폐해는 무엇일까? 가장 중요한 것은 은퇴산업이 연장된 젊음의 이미지만을 강조한다는 점이다. 즉 중년이 영원히 계속될 것처럼 광고하는 것이다. 물론 요즘 주위를 둘러보면 예전보다 젊어 보이고 또 젊게 사는 사람들이 많은 건 사실이다. 그러나 문화인류학자인 정진웅 교수도 지적했듯이 젊음이라는 이미지를 지나치게 강조하는 것은 개인으로 하여금 노화와 쇠퇴를 있는 그대로 받아들이지 못하게 한다는 약점을 가진다. 은퇴산업은 신체적 활력이 감소했을 때에 대한 설명이나 해결책에는 관심이 없다. 그런 부정적인 측면에 대해서는 언급조차 하지 않고 슬며시 눈을 감아버린다. 결국, 나중에 몸이 노쇠해져서 아무것도 할 수 없어지는 건 모두 당사자들의 책임이다.

예를 들어 좋아하는 골프를 실컷 치기 위해 동남아 은퇴이민을 감행한다면, 나중에 체력이 약해져서 골프를 치기 어려워질 경우에 대한 대비가 필요하다. 그러나 이에 대한 책임은 은퇴산업이 아니라 은퇴자 개인이 짊어져야 한다. 즉 노화로 말미암은 생물학적, 심리적 변화와 쇠퇴 문제에 대해서 은퇴산업은 어두운 측면에는 집착하지 말고 젊고 활기차게 살라는 말만 반복하는 것이다.

동남아 은퇴이민의 현대적 마케팅 전략이 가지고 오는 두 번째 폐해는 '의미 있는 타자'를 감소시킨다는 점이다. 인간은 자신을 비춰주는 거울의 역할을 하는 사람들을 통해 자신을 파악하고 또 행복해질 수 있다. 아무리 상류 생활을 누린다 한들 그런 나의 모습을 비춰줄 거울이 없다면 무슨 의미가 있을까? 나의 과거를 잘 알고, 존재를 증명해줄 수 있는 형제자매, 친구, 지인이 없다면……, 리어왕의 저 유명한 대사가 떠오를 것이다.

"내가 누구인지 말할 수 있는 자는 과연 누구인가?"

또, 이런 질문도 하게 될 것 같다.

"내가 행복하다고 말할 수 있는 자는 과연 누구인가?"

동남아 은퇴이민, 이것은 글로벌 시대를 사는 우리에게 부과된 또 하나의 대안이다. 하지만 그것은 결코 환상적인 대안이 될 수 없다는 것이 잠정적인 결론이다. 우리 모두 동남아 은퇴이민과 같은 대안, 그리고 은퇴산업의 현대적 마케팅 전략에 대해 조금 더 객관적으로 냉철하게 바라볼 수 있는 안목을 길러야 할 것이다.

❖ 고급 실버타운 : 재미없는 천국

많은 사람이 고급 실버타운에서 사는 삶을 부러워한다. 사실 고급 실버타운에서 살 수 있는 조건은 두 가지다. 나이가 60세 이상이어야 한다는 것(부부라면 배우자 중 한 명)과 그곳에서 요구하는 비싼 보증금과 관리비를 부담할 수 있는 재력이다. 그렇다면 사람들이 부러워하는 건 무엇일까? 현재 고급 실버타운에서 사는 노인들의 평균연령이 70대 중반인 것을 고려하면, 아마도 대부분의 사람이 부러워하는 건 60세 이상이라는 나이가 아니라 비싼 보증금과 관리비를 부담하며 살 수 있는 재력일 것이다.

그건 돈만 많으면 행복할 것이라든가 돈만 많으면 은퇴 후의 하루하루가 즐겁기만 할 것이라는 환상과도 비슷해 보인다. 삼성 같은 대기업이 실버타운을 운영하기 시작하더니, 서울의 도심형 실버타운이 성공을 거두고 있다는 소식이 들린다. 아울러 CEO나 전문직 출신 은퇴자들만을 대상으로 입주자를 모집한다는 최고급 실버타운도 생기면서, 사람들의 환상은 더욱 커지는 듯하다.

그러나 여러 차례의 견학과 개인적 방문을 통해 내린 결론은 한마디로, 그곳이 '재미없는 천국'이라는 것이다.

우선 그곳이 '천국'인 이유부터 살펴보자. 공식적인 용어로는 '유료노인복지주택'으로 불리는 실버타운은 오갈 데 없는 불쌍한 노인들을 보호하던 기존의 양로시설과는 여러 면에서 차원이 다르다. 즉 실버타운은 건강하고 활기차게 노후를 보낼 수 있도록 주거, 의료, 문화, 레저 시설, 편의시설과 다양한 서비스를 제공하는 노인전용 복합시설단지를 의미한다.

이곳에는 노인들의 안전과 편의를 위해 노인공학Silver Engineering의 개

넘을 도입하고 활용하여 거동이 불편하거나 휠체어를 이용하는 사람의 불편을 덜기 위해 동선을 최소화하고, 복도나 화장실 등에는 안전 바, CCTV, 동작감시 센서 등을 부착하고 있다. 또한, 활기찬 여가를 보낼 수 있도록 다양한 문화프로그램이 준비되어 있고, 수영장, 사우나실, 골프 연습장, 게이트볼장, 산책로 등의 시설을 갖추고 있다.

실버타운 입주자들이 꼽는 가장 큰 장점은 식사 만족도가 높다는 점이다. 영양과 맛, 위생 면에서 나무랄 데 없는 식사가 매끼 제공된다는 것은 일생 밥하는 게 부담이었던 여자 노인들, 특히 건강이 좋지 않아서 시장 보고 음식 준비하는 것이 어려운 노인들에게는 꿈 같은 일이다. 내가 보기에도 끼니마다 뷔페식으로 제공되어 원하는 만큼 덜어먹을 수 있는 식사의 내용은 소박하면서도 정갈한 건강식이었다. 식당 분위기도 좋아서 고급 레스토랑처럼 천장이 높고 가구나 식탁 배치가 고급스러웠으며, 흘러간 팝송을 틀어주는 등 입주자의 취향을 세심하게 배려하는 분위기였다.

입주자들이 식사 다음으로 꼽는 장점은 경비나 직원들이 편하고 안전하게 잘 보호해준다는 것, 즉 집 관리 등에 일절 신경 쓰지 않아도 된다는 점이다. 또한 적절히 사생활을 지킬 수 있으면서도 다양한 프로그램에 참여할 수 있다는 점에도 만족스러워한다. 내가 만난 80세 여자 노인은 매일 아침마다 건물 간 연결 통로를 통해 체육관까지 걸어가서 스트레칭을 하고, 오후에는 옛날 영화를 보기도 하고, 음악감상을 하는 등 다양한 문화프로그램에 참여한다고 자랑했다.

"이런 데가 어디 있나요? 시설이 얼마나 훌륭합니까? 강남의 고급 아파트 같지 않아요? 경비들이 잘 지켜주니까 안전하고, 너무 좋지 않나요?"

이분은 비록 의문형의 말투를 많이 사용했지만, 정작 내 의견에는 큰 관심이 없어 보였다. 이분의 나이가 80세이니, 베이비붐 세대의 부모 세대다. 나는 '그래, 이 세대에게는 이곳이 천국 같을 수 있겠구나'라고 생각했다. 노인들을 위한 주거정책과 다양한 주거시설과 프로그램이 부족한 현실을 고려할 때, 지금의 노인세대에게 유료 실버타운이 하나의 훌륭하고 멋진 대안처럼 보이는 것은 사실이다.

그러나 나와 같은 베이비붐 세대에게도 그럴까? 내 대답은 부정적이다. 현재와 같은 실버타운이라면 무엇보다 재미가 없다. 우울하다. 지금 현재 내가 아직 50대이고, 거동하는 데 문제가 없기 때문만은 아니다. 설사 80대가 되어 거동이 불편해진다고 해도 나는 '강남의 고급 아파트 같고, 경비들이 잘 지켜주는' 그런 곳을 선택하지는 않을 것이다.

고급 실버타운이 재미없는 이유를 더 자세히 들여다보자.

첫째, 상호 간 소통이 이루어지지 않는 폐쇄된 공간처럼 느껴진다는 점이다. 건물 외관이나 출입자 관리도 너무 권위적이다. 들어가는 입구부터 큰 회사의 경비실 같은 곳에서 차에 탄 사람의 용무를 일일이 확인하며, 각동 입구마다 직원들이 일일이 거주자와 방문자의 관계와 출입을 확인하기도 한다. 마치 이곳이 부유한 사람들만의 폐쇄적인 공간이라는 것을 과시하는 것 같다. 또 하나의 거대한 울타리 같다고나 할까. 이런 곳에서 살면 바깥세상에 대해서는 알고 싶지도 않고, 또 알려고도 하지 않을 것 같은 느낌이다.

나는 정말 좋은 공간이란 세련되고 안전하고 정비가 잘된 것 이상의 장점을 가지고 있어야 한다고 생각한다. 무엇보다도 누구든 편안함을 느낄 수 있고 또 많은 사람이 서로 교류할 수 있는 공간이어야 한다고 생각한다.

예를 들면, 일본 도야마 시에 있는 '잇큐안(一休庵)'이라는 요양시설은 시설을 다양한 연령층의 사람들이 모여드는 '사랑방'으로 만들기 위해 노력하고 있다고 한다. 요양시설 내 식당을 소문난 '맛집'으로 만들고, 문화강좌도 열고, 주방장이 주부들에게 요리도 가르치며, 연말에는 전자기타 콘서트도 열면서 동네 사람들과 교류한다. 나는 이런 곳이 좋은 공간이라고 생각한다. 우리나라에도 이렇게 개방적이고도 편안한 느낌이 드는 실버타운이 많아져야 한다.

고급 실버타운이 재미없는 두 번째 이유는 시설운영자의 구태의연한 '노인관'을 보여주는 분위기 때문이다. 한마디로 시설 전체에 따뜻하고 다정다감한 느낌이 부족한데, 이런 느낌은 우선 인테리어와 색감에서부터 분명하게 드러난다. 식당을 제외하고는 도심 한복판에 있는 업무용 빌딩이나 병원 같은 느낌이다. 깨끗하기는 하지만 천장이 너무 높고, 전체적으로 흰색이나 회색 같은 차가운 색을 많이 사용했으며, 벽이나 소파의 색깔도 짙은 회색이나 밤색이 많다. 오래 있으면 우울해질 것 같은 분위기이다.

이건 미적 감각의 문제만은 아니다. 그보다는 고급 실버타운의 운영자가 가진 '노인관'의 문제다. 나도 전에는 노인을 대표하는 색깔이 회색, 흰색, 밝게 봐야 은색 정도라고 생각했다. 그러나 지금은 그렇지 않다. 노인도 노인 나름이다. 영 올드 Young-old · 미들 올드 Middle-old · 올드 올드 Old-old 가 있듯이, 또 수많은 개인차가 있듯이, 체리 핑크 · 코발트 블루 · 오렌지 등 거의 모든 다양한 색이 노인의 색깔이 될 수 있다.

문득 2년 전 겨울, 영국 뉴몰든 New Malden 지역의 주택가에 있는 노인 주간보호센터 Day-care Center 를 방문했던 때가 기억난다. 영국의 겨울 날씨가 흔히 그렇듯이, 그날 아침에도 비바람이 몹시 세차게 불고 있었다. 이런 날 노인들은 얼마나 춥고 우울할까 생각하면서 주간보호센터 안을 들어서는 순간, 눈앞에는 예상과는 다른 완전히 딴 세상이 펼쳐졌다.

예쁜 카페에라도 들어온 듯한 착각이 들 정도였다. 주황색과 노란색, 연두색 등으로 칠해진 실내는 꽃무늬 커튼과 함께 바깥 날씨와는 대조적으로 밝고 따뜻한 느낌이 들었다. 열심히 오전 프로그램에 참여하고 있는 노인들의 옷차림도 밝고 화려하기는 마찬가지였다. 붉은색 계통의 옷을 많이 입고 있었고, 머리를 멋지게 손질했으며, 액세서리까지 착용한 노인들에게서 외로움이나 우울함의 기색은 찾아볼 수 없었다. 그러나 자세히 보니 치매에 걸린 노인, 휠체어에 앉아 있는 노인들이 여럿 눈에 띄었으며, 안내자의 설명에 의하면 기저귀를 차고 있는 노인도 많다고 했다.

주간보호센터로 쓰고 있는 그 주택이 그곳에 살았던 노인이 세상을 떠나면서 남긴 기증품이라는 사실뿐만 아니라 노인들의 밝은 모습,

무엇보다도 환하고 아름다운 인테리어를 통해 드러나는 이들의 화사한 '노인관'이 엄청 부러웠던 기억이 있다.

그렇다고 무조건 어린이 놀이터처럼 울긋불긋하게 꾸며놓는 게 좋다는 건 아니다. 단, 베티 프리단이《노년의 샘》에서 요양시설의 문제점을 지적하면서 노인의 욕구보다는 시설 자체의 요구에 충실한 경우가 많다고 비판했듯이, 우리나라의 유료 실버타운들도 노인들의 처지에서 생각하고 꾸미며, 노인들의 자기결정권과 존엄성, 생산성을 더 많이 고려해야 할 것이다.

실버타운이 재미없는 세 번째 이유는 비슷한 연령대의 부유한 사람들만이 모여 사는 생활 자체에서 오는 한계 때문이다. 물론 연령차별 같은 건 없다. 아니, 차별은커녕 이곳의 입주자들은 왕이나 여왕 같은 소비자로서 대우받는다. 비슷하게 부유한 사람들이 모여 사는 데서 오는 편안함과 안정감도 있을 것이다.

이곳에서 만나는 노인들은 매우 깔끔하고 예의 바르며 교양 있다. 거리에서 혹은 노인복지관 같은 곳에서 만나게 되는 보통 노인들과는 많이 달라서 식당에 올 때에도 옷차림에 신경 쓰는 듯 모두 말끔한 행색이다. 한마디로 선진국의 노인들 못지않게 멋스럽다. 나는 노인들이 옷차림에 신경 쓰는 것에 대해서는 아주 바람직하다고 생각한다. 그런 정도의 일상적인 긴장감은 건강에도 도움이 되고, 또 일상에 활력을 불어넣을 수 있을 테니까.

하지만 이들의 조용하고 조심스러운 말투와 행동은 유난스럽게 느껴질 정도였다. 식당 같은 곳에서도 큰 소리를 내거나 인사하는 법 없이 서로 가볍게 눈인사를 하는 정도이다. 한번은 개관한 지 얼마 되지 않은 S 실버타운에서 점심시간에 식당 앞 엘리베이터에서 내리는 한 무리의 노인들과 마주친 적이 있었다. 모두 곱게 화장을 하고 화사한 옷을 차려입은 채 서로 말도 하지 않고 얌전한 표정으로 엘리베이터에서 내리는 여자 노인들의 모습은 마치 엄격히 훈육받는 사립학교 여학생들과도 같았다. 식당에도 웅성거림이 거의 없고, 모두 조용히 얘기 나누며 식사하는 분위기다. 절제가 있다고 해야 할까? 하지만 서로 조심하는 듯한 분위기가 지나쳐서 다정한 인사나 배려는 부족해 보였고, 심하게는 서로 경계하는 듯한 느낌마저 들 정도였다.

한마디로 이들은 너무 남을 의식하고 있다. 그 이유 중 하나는 과거에 대한 자부심 때문이다. 노골적으로 드러내건 아니건 간에 이들 대부분은 모두 과거에 한 가닥 했던 사람들이다. 식당에서의 화제 중에는 언제나 "저기 저분은 전직 ○○장관 했던 분이고, 저분은 엄청난 땅 부자란다. 여든 살이 넘은 지금도 아침마다 기사가 운전하는 자동차를 타고 출근한다나 봐"라는 내용이 포함된다. 실제로 그곳에서 우연히 만난 남편의 대선배는 묻지도 않은 자식들의 근황을 일일이 얘기하며, 끝없이 자랑을 늘어놓았다.

사정이 이러하니, 과연 재미다운 재미가 있을 수 있겠는가? 아니, 재미도 재미지만, 이런 것들이 노년의 바람직한 모습일까?

나라면, 화려한 실버타운보다는 소박하고 나지막한 집과 건물들이 있는 마을, 탈권위주의적인 분위기에 자연 친화적이고 다정한 환경, 편안하고 따뜻한 소통이 있는 그런 마을에서 살고 싶다. 혹시 거동이 불편해진다고 해도, 돈으로 모든 것을 해결할 수 있는 그런 곳보다는 따뜻한 마음으로 식탁을 나누는 그런 시설에서 살고 싶다. 비록 그곳이 천국처럼 멋진 곳은 아닐지라도 삶의 재미를 느낄 수 있는 그런 소박한 곳에서 말이다.

게다가 최근엔 실버타운에 잘못 들어갔다가 어렵게 모은 노후자금을 몽땅 날리는 경우도 늘고 있어서 가뜩이나 어려운 노인들을 울린다는 소식도 심심찮게 들려온다. 실버타운이 비록 재미는 없지만 '천국'이었던 시대도 지나가버리는 것일까?

- 은퇴 후 마음의 위안을 얻을 수 있는 곳에서, 삶의 재미를 느낄 수 있는 곳에서 재미있게 살아보자

나는 매일 은퇴를 꿈꾼다

2부

행복한 나를 위해 :: 'Me'보다 'I'로 살기

01 건강한 자기중심성:

'Me'보다
'I'로 살기

우리나라 베이비붐 세대는 독립성보다는 의존성에 기반을 두고 있다. 결혼한 자녀를 계속 지원하고 그들에게 의존하는 모습은 진정으로 독립적인 'I'의 삶과는 거리가 있다. 본인의 가치와 독자성을 존중하고 사랑하는 '건강한 자기중심성'을 위한 노력이 필요하다. 결국엔 나에게 주어진, 나를 위한 인생이니까……

노인이 주인공으로 등장하는 소설 중에서 가장 재미있게 읽은 것은《조제와 호랑이와 물고기들》의 작가 다나베 세이코가 지은《두근두근 우타코 씨》다. 이 책의 주인공인 우타코 씨는 희수(喜壽)잔치를 앞둔 77세의 노부인(할머니라고 부르면, 그녀는 "나한테도 야마모토 우타코라는 이름이 있어요. 그렇게 불러줘요"라며 혼을 낸다). 작가가 이 책을 발표한 때의 나이가 바로 77세였다고 하니 우타코 씨의 생각과 삶의 태도 중 상당 부분은 바로 작가 자신의 것이라 짐작된다.

❖ 독립적인 삶을 위한 건강한 균형관계

우타코 씨는 제2차 세계대전 이후의 혼란기에 시부모와 남편이 넋나간 듯 정신을 못 차리고 있을 때, 불타고 남은 가재도구를 주워 팔기도 하는 등 억척스럽게 일해서 식구들을 먹여 살렸고, 장사를 다시 시작하면서 집안을 일으켰다. 가게를 키워 주식회사를 만들고 실제 경영을 맡기도 했고, 남편이 죽은 뒤에 아들에게 회사 대표 자리를 물려주고 본인은 은퇴했다.

그러나 인생 그 자체에서 은퇴한 것은 아니다. 그녀의 인생은 여러모로 바쁘다. 고베시의 바다가 보이는 맨션에서 혼자 유유자적하며 살면서 서예교실에서 학생들을 가르치기도 하고, 영어회화를 배우며 젊은 사람들과도 교류한다. 눈 밑의 깊은 주름과 목주름을 가리기 위해 외출할 때는 색안경과 머플러를 자주 애용한다.

그녀는 건강하고, 식욕도 정상인 데다가 갱년기 장애도 다 치러낸 지금이 인생에서 최고로 행복하다고 생각한다. TV에서 생리대 광고를 보면 전생의 일처럼 느껴진다. 이 상태라면 백이삼십 세까지도 살 것 같지만, 언제 어떤 병에 걸려서 어떻게 죽음을 맞게 될 것인가 하는 문제는 '자연'의 소관이라는 것 또한 잘 알고 있다.

소설의 상당 부분은 그녀가 77세임에도 멋진 남자를 보면 가슴이 설레고, 느낌이 통하는 멋진 남자라면 밤새 얘기하고 싶고, 좋은 곳에서 데이트도 하고 싶고, 성에 대해 솔직해지고 싶다는 마음을 가지고 있음을 보여준다. 첫사랑 소식에 가슴 설레기도 하고, 다른 모임인 줄 알고 찾아간 곳에서 '합동 맞선'의 광경을 목격하기도 하고, 괜찮은 남자로부터 유혹을 받기도 한다.

이 소설을 통해서 이성 교제에 대한 일본 노인들의 다양한 욕구와 태도를 조금이나마 엿볼 수 있었고, 특히 일본의 지방정부가 혼자 사는 노인을 위한 서비스로 이성 교제 주선에까지 관심을 기울이고 있다는 사실을 확인할 수 있었다. 시청에 혼자 사는 노인들을 대상으로 하는 '차 동무 상담소'를 설립하여 신상 정보를 등록해두었다가 쌍방 맞선을 주선하기도 하고, 게시판에 홍보 포스터를 붙이고, 시정 홍보를 겸해《멋진 노인의 빛》이라는 타블로이드판 기관지를 배포하기도 한다. 또 혼자 사는 노인들 집으로 찾아가서 얼마나 외로운지, 우울하지는 않은지, 재혼의사가 있는지 등등의 설문조사도 하며, '노인의 성 고민 상담전화'도 만든다. 2006년에 이미 노인인구 비율이 20퍼센트를 넘는 초고령사회에 접어들었고 세계 최장 수명을 자랑하는 일본 노인들의 삶의 단면, 그리고 지방정부의 세심한 관심과 노력을 들여다볼 수 있는 유익한 내용이 많았다.

아직도 연금을 받는 노인의 비율이 매우 낮은 우리나라와는 달리, 일본에서는 이미 모든 노인이 1980년대부터 연금 혜택을 받고 있기 때문에, 노인들은 '돈'보다 어떻게 하면 외롭지 않게 행복하게 살 것인가 하는 '삶의 질'의 문제에 대해 주로 고민한다. 특히, 최근 우리나라도 그렇지만, 일본도 혼자 사는 노인들이 늘어나면서 지방정부가 이들의 이성교제 및 재혼에까지 관심을 갖게 된 모양이다. '삶의 질' 문제, 그리고 이성교제 및 재혼 문제는 빠르게 고령화되고 있는 우리나라에서도 머지않아 수면 위로 떠오를 것이 분명하다.

하지만, 이보다 더 시선을 끄는 것은 주인공 우타코 씨가 보여주는 삶의 태도다. 그녀는 77세 여자 노인에게 우리가 기대하는 사회적, 문화적 각본을 넘어서는 삶을 살고 있다. '이거, 너무 괴팍하고 까칠한 거 아니야?' 하는 느낌이 들 정도로 그녀는 타인의 시선보다는 자신의 느낌과 욕구를 중시한다. 본인이 하루 중 가장 중요한 시간으로 여기는 느긋한 아침 식사 시간을 방해하는 사람, 특히 그 시간에 전화하는 사람을 극도로 미워한다. 그 정도는 그렇다 치더라도 큰손녀가 결혼할 남자를 데리고 와서 인사드리겠다는 말에, "에이, 됐다, 됐어, 번거롭게 인사는 무슨……, 일없다"라고 솔직하게 말해버린다. 아들과 며느리가 섭섭해하자, 우타코 씨는 생각한다.

'그렇다고 내가 사람을 싫어하거나 젊은이를 싫어하는 건 아니다. 느낌 좋은 사람은 좋아하지만, 우리 손자들은 하나같이 시원한 구석이 없는 요상한 것들뿐이라 보고 있으면 머리끝부터 발끝까지 잔소리를 하고 싶기 때문에 정신건강에 해로워.'

이쯤 되면 보통 할머니와는 달라도 너무 다르다. 혼자서 외롭게 죽어갈 것만 같은 모습이다. 하지만 우타코 씨는 예전에 가게에서 일하던 부하직원들과 오랜 세월 동안 각별한 관계를 유지하고 있으며, 설날마다 찾아오는 그들을 위해 손수 음식을 준비하고 여러 가지 인생상담과 조언도 아끼지 않는다. 영어회화 교실에서 만난 노인들과도 잘 지내고 있다. 비록 아들 며느리와 말싸움하는 장면이 많이 등장하지만, 어쨌든 자주 연락하면서 가깝게 지내고 있다. 단, 그녀가 싫어하는 것은 지나치게 사치스럽고 철딱서니 없는 손녀, 그리고 딸일수록 더 강하게 키워야 하는데도 불구하고 세상 물정 모르게 감싸기만 하는 아들 며느리의 자녀양육 태도로, 못마땅하면서도 좋은 척하지 않을 뿐이다.

아마도 작가는 이렇게 말하고 싶었을 것이다.

'왜 모든 할머니는 항상 인자하고 자상하고 친절해야 하는가? 그것 또한 여자 노인에 대한 일종의 고정관념 아닌가? 아무리 못마땅해도 내 손녀라는 이유만으로 좋은 척, 다정한 할머니 역을 연기하는 것, 그건 우타코 씨의 스타일이 아니다.'

이 소설을 읽으면서 깔깔거리며 웃었던 부분은 세 며느리에 대한 우타코 씨의 '골탕 작전'이다. 자기 딸 결혼식은 성대하게 해주지 못해

안달하면서도 시어머니 희수잔치를 경로당에서 민요 춤을 추거나 시민회관에서 도시락을 먹으며 하는 게 어떠냐고 제안하는 큰며느리에게 우타코 씨는 이렇게 말한다.

"기왕 할 거면 크게 하고 싶구나. 일류 호텔의 홀을 통째로 빌려서 파티를 열고, 밴드를 불러 좋아하는 음악을 실컷 연주하게 하면 어떻겠니? 다들 눈이 휘둥그레지도록 으리으리하게 파티를 해볼까 해."

그녀는 소심하고 얼뜨고 굼뜬 구두쇠 큰며느리를 놀려먹으면서 스트레스를 푼다.

우타코 씨가 어느 날 장남과의 통화에서 자신이 혹시 쓰러지기라도 하면 수술하거나 생명유지 장치를 사용하지 말라고 한다. 그러자 이어지는 며느리들의 반응은 코미디 수준이다. 먼저 큰며느리가 전화해서 설명을 듣고 나더니 "알겠어요. 제가 잘 알아들었으니까 확실히 떼어 드릴게요"라면서 구체적으로 어떻게 떼는 것인지, 시간이 되면 땡! 하고 울리는 것인지 궁금해한다. 그녀는 마치 전자레인지 사용법 얘기하듯 하는 큰며느리에게 자신의 생명유지 장치를 떼는 걸 절대로 맡기지 않겠다고 결심한다. 둘째 며느리 또한 생명유지 장치의 사용법을 마치 전기밥솥 사용하듯이 말하는 걸 들으면서 약아빠진 며느리들보다 훨씬 더 오래 살아주리라고 결심한다. 소문을 전해 듣고 유품이라도 분배하는 줄 알고, 부랴부랴 전화를 걸어와 '주름 있는 감색 기모노를 미리 예약하겠다'고 말하는 막내며느리 얘기는 세대 간 소통이 이다지도 힘들다는 진실을 재치 있게 보여준다.

그러나 여기서 무엇보다 눈여겨볼 점은 우타코 씨의 독립적인 삶의 태도다. 그녀는 경제적으로는 물론 심리적으로도 독립적이다. 혼자라도 좋은 식당에 들어가서 맛있는 음식도 사 먹고, 카페에도 자주 드나들면서 자신이 그 모든 가게나 거리를 '제대로 활용'하고 있다고 자부하는 것은 기본이다. 지금도 죽은 남편을 못 잊어하는 동네 여자를 보면서 자신은 "죽은 남편한테 그저 쯧쯧 하고 혀나 차는 정도"라고 아무렇지 않게 말한다.

소설 속에는 그녀가 평범한 다른 할머니처럼 다소곳이 살기를 바라는 아들들과 노상 말싸움을 벌이며 자기주장을 굽히지 않는 장면이 많이 등장한다. "어쨌든 난 이만큼 나이도 먹었으니 나 하고 싶은 대로 하련다. 남한테 기대는 짓은 딱 질색이야"라고 소리치면서……. 답답하고 꽉 막힌 아들들 때문에 화를 내다가도 "만날 우는소리에, 푸념에, 눈물 콧물 범벅이 되어 달려올지도 모르는 딸보다는 그래도 아들 녀석들과 소리 지르는 편이 힘이 나서 좋다"라고 생각한다.

나는 우타코 씨와 자녀들과의 관계가 '건강한 균형관계'에 기반을 두고 있다고 생각한다. 그녀가 경제적으로 의존적이라면, 혹은 돈은 있지만 심리적으로 자식들에게 의존하면서 눈치만 본다면 우타코 씨 식의 자기주장과 그로 인한 말싸움은 불가능하기 때문이다. 그녀는 아들들에게 모든 것을 기대고 다소곳이 살아가는 의존적인 삶을 거부한다. 그녀가 독립성과 자기다움을 포기할 경우, 비록 말싸움은 줄어들고 갈등이 드러나지 않아서 남 보기에 아름답고 평화로워 보이고 외형적으로 덜 외로워 보이겠지만, 모자간의 '건강한 균형관계'는 결코 이루어지지 못할 것이다. 건강한 균형관계란 독립적이고 각자 자신의 삶을 사는 개인들 사이에서만 가능하기 때문이다.

⁕ '진정한 나'를 위한 삶이 최선이다

미국 베이비붐 세대에 대한 《USA투데이》기사는 베이비붐 세대를 가족이나 타인 중심의 삶을 사느라고 정작 자기 자신을 위한 투자는 하지 못한 'Me세대'로 정의하였다. 1946년에서 1964년에 태어나 경제적으로 풍요로운 시대에 성장하였기 때문에 '황금빛 부머the Golden Boomers'로도 불리던 미국의 베이비붐 세대가 정작 자신들에 대해서는 노후 준비도 하지 못했다는 점을 지적한 것이다. 그런 점에서 이들은 1970~90년대에 태어났고 자기 자신의 욕구를 우선시 하는 '제너레이션 미Generation Me'와는 구별된다. 2010년 12월 29일자 《이코노미스트》는 노후를 위한 저축이 없어서 은퇴도 하지 못하고 계속 일해야 하는 베이비붐 세대를 '골칫거리' 집단이라고까지 표현하였다.

우리보다 훨씬 독립적인 미국의 베이비붐 세대도 이러한데 과연 우리나라의 베이비붐 세대는 어떨까? 아내와 자녀를 외국에 보내고 혼자 사는 기러기아빠들이 많은 세대가 아닌가? 사실 우리나라의 베이비붐 세대는 전쟁 후 태어나서 사랑도 많이 받으며 자랐고, 자식들을 위해 모든 것을 바칠 준비가 되어 있는 부모들 덕에 교육도 많이 받았으며, 경제성장의 혜택도 많이 누린 것이 사실이다. 하지만 동시에 부모에 대한 책임감, 가족에 대한 부양의식, 국가와 사회에 대한 책임감이 가장 컸던 세대라 할 수 있다. 이전 세대보다는 많은 것을 누렸지만 받은 만큼 돌려줘야 한다는 부담감에서 자유롭지 못한 '모범생 심리'를 가진 세대라고나 할까? 특히 자녀에 대한 베이비붐 세대들의 입장은 이중적이다. 경제 개념으로 바라볼 때, 자녀가 투자 대비 수익은 적은 '무수익 자산'이라는 사실을 분명히 잘 알면서도 현실에서는 마치 약점이라도 잡힌 듯 쩔쩔매니까 말이다.

이러한 양상은 통계로도 증명된다. 최근《한국경제신문》이 시행한 '베이비붐 세대의 의식조사' 결과, 베이비붐세대는 '자유'와 '독립'을 추구하는 것으로 나타났다. 그런데 여기에서 자유와 독립이란 어디까지나 '경제적인 자유'와 '경제적인 독립'을 의미한다. 즉 '심리적인 자유'와 '심리적인 독립'의 문제는 간과하고 있다. 그러나 '심리적인' 측면이 간과된 자유와 독립이 과연 온전하다고 할 수 있을까?

특히 자녀와의 관계에서, 자신은 자녀에게 의존하지 않겠다고 말하면서 자녀가 결혼한 후에도 돌봐주겠다는 비율이 59퍼센트나 된다는 조사결과는 시사하는 바가 크다. 재산이 많을수록 자녀가 성장해도 어려울 때면 지원해야 한다고 생각하는 비율도 높았다. 이 통계결과를 통해 우리나라 베이비붐 세대의 자녀관이 결국 독립성보다는 의존성에 기반을 두고 있다는 사실을 알 수 있다. 자녀가 결혼한 후에도 (경제적으로) 계속 지원하고 싶다는 태도는 나이가 들어서도 여전히 자녀 중심으로 'Me'의 삶을 산다는 것을 의미할 뿐 아니라, (경제적인 지원을 통해) 여전히 자녀를 지배하고 소유하고 싶은 심리적 욕구를 드러내는 것이기 때문이다. 이러한 자녀관은 부모 본인의 경제적인 자립의지와는 상관없이 심리적으로 의존적인 관계를 형성하게 하여 진정으로 독립적인 'I'의 삶에서 멀어지게 만든다.

심리적 의존은 다양한 형태로 나타난다. 명절 때만 되면 자신을 '행방불명' 상태로 만들곤 하는 여자 노인을 만난 적이 있다. 그녀는 평소에 잘 찾아오지 않는 자식들이 명절에만 찾아오는 것이 얄미워서, 자식들에 대한 미움과 분노를 드러내기 위해 명절 때만 되면 일부러 집을 나가버리거나 전화를 받지 않는다고 했다. 아들과 며느리, 딸이 괴로워하는 꼴을 보고 싶다는 것이었다. 그녀는 독립적이고 자기중심적으로 보이는 외양과는 달리, 심리적으로 자녀들에게 강하게 의존하고 있었다. 안타까운 건 그녀 스스로 자식들로부터 관심과 애정을 받고 싶은 마음을 왜곡된 형태로 표현하는 바람에, 오히려 자신이 정말로 원하는 관계를 만들어나가는 데 실패하고 있다는 사실이다.

퇴직자 연구를 하면서 여자들은 물론 남자들도 자녀 때문에 고민이 많다는 걸 알 수 있었다. 언젠가, 사회적 지위가 높고 성공적인 인생을 사는 듯이 보이는 K씨가 다음과 같이 말하는 것을 들은 적이 있다.

"사실 요새 모든 일이 다 잘되고 있어요. 그런데 요즘 자꾸 우울해져서 '왜 그럴까?' 하고 곰곰이 생각해보니까 자식 문제인 거예요. 거참,

자식은 맘대로 안 되네요. 그렇다고 누구를 탓할 수도 없어요. 가만히 생각해보면 다 내 잘못이라는 생각만 들고, 어디 가서 하소연할 수도 없고……."

그는 자세한 내용은 말하지 않았고 나도 더는 묻지 않았다. 어떤 특별한 부분에 대해서는 모든 것을 말하도록 하지 말고 그냥 놔두는 게 최선일 수도 있다는 어떤 심리학자의 말이 생각났기 때문이다. 특히 자식에 대한 이야기일수록 지나치게 꼬치꼬치 캐묻지 않는 것이 일종의 예의처럼 느껴지기도 한다.

하지만 그때, 인생에서 웬만한 것들은 다 능숙하고 자유롭게 운용할 수 있을 것처럼 보이는, 아주 능력이 많은 K씨도 'Me'의 삶으로부터 자유롭지 못하다는 느낌을 받았던 기억이 있다.

젊은 시절부터 'Me'의 삶을 거부하기란 쉽지 않다. 가족과 타인, 사회에 대해 의무를 다하는 것은 대부분의 사람에게 공통되게 주어지는 인생의 과업이다. 그러나 나이가 들어서도 여전히 자신을 내버려둔 채 타인 위주의 삶을 사는 사람들을 보면 안타깝다 못해 화가 난다. 타인의 요구는 다 들어주면서 정작 자신을 돌보는 일에는 게으른 사람을 보면 불쌍한 생각마저 든다. 나이가 들어서도 여전히 타인에게 모든 것을 의탁하고 있는 사람을 보면 그렇게 위태로워 보일 수가 없다.

그런 점에서 우타코 씨야말로 'I'의 삶을 사는 노인의 전형적인 모델이다. 젊은 시절에 우타코 씨는 자신에게 주어진 역할을 다하고 최선을 다해 집안을 일으키며 희생하는 등 기꺼이 'Me'의 삶을 살았지만, 자녀들을 결혼시키고 난 후에는 자신의 삶에 보다 더 집중하고, 젊었을 때 고생한 것에 대한 성과를 스스로에게도 돌리고 자기 자신을 중심으로 하는 삶을 살고 있다. 그녀는 남 보기에 우아할지 모르나 자신은 만족스럽지 않은 삶을 단호하게 거부하고, 비록 말싸움이 잦고 괴팍해 보인다는 비판을 받을지언정 자신이 진정으로 원하는 삶을 살고 있다.

'I'의 삶은, '혼자 사는 사람들이 점점 늘어나고 있는 지금, 어떻게 혼자서 잘 살 수 있을까?, 누가 끝까지 나를 돌봐주겠는가?, 누가 내게 아직도 삶의 기쁨이 남아 있다고 말해줄 수 있을까?' 하는 고민의 해답으로도 유용하다. 우타코 씨처럼 경제적, 심리적으로 독립적이라면 자신을 돌볼 수 있으며, 자식을 포함한 타인과도 건강한 균형관계를 유지하면서 잘 살 수 있다는 것을 보여주기 때문이다.

인본주의 심리학자로 유명한 로저스C. Rogers 는 말년에 남긴 글에서, 그동안 다른 사람을 돌보고 보살피는 것을 더 잘해왔지만 나이가 들면서 자신을 더 많이 돌보게 되었다는 점을 고백한다. 그의 아내가 병으로 먼저 사망했다는 사실을 감안할 때, 아마도 그는 병든 아내를 오랫동안 돌봐왔을 것이다. 그는 그동안은 책임감이 매우 강한 사람으로 살아왔지만, 자신의 몸도 약해지면서 스스로를 돌볼 필요를 느끼게 되었다는 점을 이야기했다. 이렇게 자신을 돌보게 되면서 그는 죄책감을 느끼지 않고 편안하게 지낼 수 있다는 사실과 함께, 자기 자신과 함께 있는 시간을 매우 즐긴다는 것을 알게 되었다고 말한다.

"나는 나를 좋아한다. 나는 나 자신의 욕구가 무엇인지 알아보았고, 그것을 충족시키려고 했다. 내가 살아남기 위해서는 나 자신의 삶을 살 필요가 있다고 깨달았고, 비록 아내가 매우 아프지만, 내가 내 삶을 사는 것이 우선되어야 한다는 사실을 깨달았다."

우타코 씨의 삶, 그리고 로저스가 말년에 남긴 글이 우리에게 가르쳐주는 것. 그것은 '건강한 자기중심성'이다. 건강한 자기중심성이란 자기 자신의 가치와 개성을 존중하고 사랑하며, 자신을 소중히 여기고 돌보는 태도이다. 이는 다른 사람뿐 아니라 자기 자신조차 진정으로 사랑하지 못하기 쉬운 '이기적인 자기애'나 혹은 다른 사람을 위해서 살 뿐 자신을 위해서는 아무것도 바라지 않는 '타인 중심적 비이기성'과는 분명히 구별되는 것이다.

누가 나를 위해주겠는가? 나 자신이 나를 아끼고 위해야 한다. 누가 내게 기쁨과 즐거움을 주겠는가? 나 자신으로부터 기쁨과 즐거움을 찾아야 한다. 그들에게는 그들의 삶이, 내게는 나의 몫이 있다. 그들에게 최선을 다하면서도 내 감정에도 솔직해져야 한다. 신기한 건 내가 나 자신을 위하면 위할수록 가족이나 남에게도 더 큰 사랑을 줄 수 있으며, 또 그들로부터 더 큰 사랑을 받을 수 있다는 사실이다.

우타코 씨가 그러했듯이, 다른 사람을 사랑하기에 앞서 자기 자신을 먼저 사랑하는 것, 하루에도 몇 번씩 스스로에게 기분이 어떤지 물어보고 그 대답에 귀를 기울이는 것, 자신의 욕구를 인정하고 편안하게 받아들이는 것, 이제 타인에게는 적절히 무책임할 수 있는 것, 타인을 돌보느라 자신의 감정을 소홀히 하지 않는 것……, 이런 삶을 살 수 있는 것이야말로 나이가 주는 가장 큰 선물이 아니겠는가.

- 당신은 자녀에게 이미 할 만큼 했다. 본인의 삶에 더 집중하면서 지난날을 돌이켜 보고 남은 노후를 계획해보자!
- 능동적인 내가 되어 건강한 '자기중심성'을 만들어보자

02 갑옷 벗기 연습 :

직업, 지위를 벗어던지고
'나'와 마주하기

은퇴를 원래의 자기 자신으로 돌아가는 사건이나 계기라고 볼 수는 없을까? 인생의 한 단계
를 졸업하고, 더 높은 또 하나의 단계로 올라가는 계기라고 생각할 수는 없을까? 과거를 잊으
라는 건 아니다. 단지 예전에 입었던 갑옷을 버리라는 것이다. 과거에 가졌던 직업과 지위는
하나의 껍데기일 뿐, 진정한 알맹이는 당신 자신이니까……

모 신문사의 문화부장인 D씨(49세)는 자신만의 '은퇴연습'을 하고 있다고 말했다. 그의 은퇴연습이란 다름이 아니라, 현재 자신의 직업 덕분에 누리고 있는 모든 것을 포기하는 연습이라고 했다.

어느 날 문득 그런 생각이 들었단다. 은퇴한다면 무엇이 가장 아쉬울까? 가장 먼저 떠오른 건 '월급'.

작년에 은퇴한 선배가 "매달 고정 수입이 있는 상태에서의 소비와 그렇지 않은 상황에서의 소비가 정말 다르더라, 퇴직금으로 얼마나 버틸 수 있을지 불안하다"라고 말하던 게 떠올랐다. 선배는 아르바이트 자리를 찾고 있었다. D씨 역시 아이들 교육비에 많은 돈을 투자했고, 재산이라고는 3억 원쯤 되는 작은 집 한 채와 퇴직금으로 받을 2억 원 정도가 전부다. 그는 이제부터라도 저축량을 조금 더 늘리고, 아이들에게 나가는 돈은 줄여나가야겠다고 생각했다.

월급 다음으로 아쉬운 건, 현재 잘나가는 신문사의 문화부장으로서 누리고 있는 것들이었다. 다행히 골프나 좋은 식당의 음식 같은 걸 포기하는 건 별로 어렵지 않은 일이라는 느낌이 들었다. 오히려 그런 것보다는 동료 기자들과 우르르 몰려가서 먹던 설렁탕이나 삼겹살 같은 소박한 음식, 왁자지껄하고 정겨운 분위기, 단골 식당 아줌마가 훨씬 더 그리울 것 같았다.

✤ 직업에만 몰두했던 나,
   진정한 자아를 찾아서

결국, D씨에게 가장 아쉬운 건 자신의 책상 위에 아무렇지도 않게 쌓여 있는 음악회나 공연, 전시회의 초대권, 좋은 책들, 그리고 좋은 사람들과의 만남이었다. 그는 문화부에서 오래 일했고, 그 일을 즐겼으며, 스스로 '문화인'으로서의 정체성을 가지고 있었다. 각종 문화행사에 참석하는 것은 그에게 일이자 놀이였고, 각종 초대권을 받는 일은 당연한 일과였다.

그런데 가만히 생각해보면, 책상 위에 놓여 있는 초대권이나 책들은 D라는 사람 개인에게 온 것이 아니라 신문사의 문화부장이라는 명패가 붙은 책상 앞으로 배달된 것이다. 따라서 언젠가 자신이 더 이상, 이 책상의 주인이 되지 못하는 날이 오면 이 모든 것을 받을 수 없게 된다.

그렇다면 은퇴한 후에 D씨는 문화인으로서의 정체감을 어디에서 찾아야 할까? 아니, 그보다도, 도대체 남들 앞에서 나를 누구라고 소개해야 할까?' 하는 의문들이 몰려왔다.

그렇게 생각한 이후부터 그는, 은퇴하는 순간 다시는 받을 수 없는 것, 누릴 수 없는 것들을 포기하는 연습을 하기 시작했다. 한마디로 자리 때문에 생기는 '공짜 표'와 공짜로 즐길 수 있는 모든 것들에 대한 미련은 버리기로 한 것이다. 오랜 문화부 기자생활을 통해 얻은 이 분야에 대한 영향력과 그로 인해 받게 되는 대접 같은, 눈에 보이지 않는 것들도 미리미리 포기하기로 마음먹었다.

그러나 '문화인'으로서의 삶과 자부심은 어느 정도는 계속 이어갈 수 있도록 별도의 통장을 만들어 매달 저축하기로 했다. 나중에 들을 음반도 틈틈이 사 모으고 있다. 그는 돈으로 해결할 수 없는 여러 가지 것들도 '저축'하고 있다고 말했다.

D씨는 두 가지 면에서 지혜롭다. 그는 '직장을 그만두면 무엇이 가장 아쉬울까?'라는 질문을 통해 은퇴 후에도 자신이 추구하는 라이프스타일을 계속 유지할 수 있도록 구체적이고 실제적으로 준비하고 있었다. 그리고 무엇보다도 앞으로 '직업과 직위 없이 자신을 누구라고 소개해야 할까?' 라는 질문을 스스로에게 던짐으로써 직업과 자기 자신을 분리할 수 있어야 한다는 점을 명확히 인식하고 있었다.

중년기 이후의 심리적 발달과업을 연구했던 펙R.C. Peck 은 중년이 되면 직업과 자아의 분화가 필요하다는 점을 강조했다. 다시 말해 직업에만 몰두하던 자아를 다시 찾아야 한다는 것이다. 그리고 중년 이후에 자아의 분화가 잘 이루어지지 않으면 은퇴한 후에도, 나이가 들어서도 오로지 직업적 역할에만 정력을 쏟게되어 자아정체성이 흔들린다고 경고했다.

D씨도, '모 신문사의 문화부 기자'라는 정체성에 집착한다면, 은퇴와 함께 자아정체성의 혼란을 심하게 겪을 것이 분명하다.

그런데 대부분의 사람들에게 직업 역할과 자아를 분화시키기란 생각보다 어렵다. 특히 오랫동안 '회사 인간'으로 살아온 사람들의 자아는 직업과 뒤엉켜 있기 일쑤다. 다시 말해 많은 사람들이 직업적 역할과 조직을 통해서만 자신의 정체성을 확인하는 것이다. 이러한 경향은 평생 같은 직업만 가졌던 사람들, 규모가 크고 좋은 직장에 기대어 살아온 사람들, 실직의 고통을 크게 겪어보지 못한 사람들일수록 더 심해 보인다. 이들은 이렇게 말한다.

"더도 말고 덜도 말고, 딸 결혼시킬 때 내밀 명함만 있다면 좋겠어요."

명함 없이 자신을 어떻게 소개해야 할지 난감하기 때문이다. 그리고 자신을 소개하는 데 필요한 것은 명함 아랫부분에 다소곳이 박혀 있는 자신의 이름 석 자가 아니라 명함의 위 혹은 중간 부분에 크고 화려한 로고와 함께 써 있는 회사나 은행 이름, 그리고 직위다.

❖ 갑옷을 벗고 진정한 나 자신으로 돌아가기

한데, 직업 역할도 그렇지만 과거의 사회적 지위라는 갑옷을 벗는 일은 더욱더 어려워 보인다. 중산층이 많기로 유명한 서울 B 종합사회복지관에서 퇴직자 대상 교육프로그램을 기획하고 진행한 후배가 있었다. 30대 초반의 나이에 경험도 그리 많지 않았던 후배는 교육프로그램을 시작하는 첫날, 마치 약속이나 한 듯이 짙은 색 양복에 화려한 넥타이를 매고 '어디 한번 해보라'는 표정으로 근엄하게 앉아 있는 '전직 공무원', '전직 모 기업 간부', '전직 선생님' 등등 수많은 '전직' 높으신 분들의 태도 때문에 완전히 기가 질렸다고 했다.

후배는 그 교육프로그램에 참여한 사람들에 대해 한마디로 '갑옷' 입은 장군들 같다고 표현했다. 자신을 절대 노출시키지 않고, 상대방의 정세만 살핀다는 점에서 그렇다는 것이다. 무슨 말을 해도 '글쎄, 정말 그럴까? 확실해?'라고 묻는 듯 의심이 가득한 표정이었다는 것이다.

사실 소위 '잘나가던' 사람들일수록 더 갑옷을 벗지 못하는 경우가 많다. 이들이 갖춰 입은 감색 양복과 화려한 넥타이는 자신을 자유롭게 표현하는 데 익숙하지 못한 남자들의 교복 같은 것이고, 이들이 보인 방어적인 태도 또한 오랫동안 몸담았던 '경쟁'과 '생존'의 전쟁터에서 익히고 몸에 밴 것들일 것이다. 모두들 약한 모습을 보였다가 손해를 본 뼈아픈 경험도 갖고 있을 것이다. 그래서 이들은 이렇게 말하고 싶은 것이다.

'나 그렇게 쉬운 사람 아니거든? 나도 한때는 잘나가는 대단한 사람이었거든?'

하지만 '갑옷 벗기'는 해도 되고 안 해도 되는 어떤 선택사항이 아니다. 상급학교에 진학하기 위해서는 그동안 입었던 교복을 벗어야 하듯이, 전쟁이 끝나면 군복을 반납하고 민간인의 옷으로 갈아입어야 하듯이, 갑옷 또한 은퇴와 함께 '반드시' 벗어야만 하는 옷이다.

벗어야 할 옷에 미련을 둔다는 건, 여전히 과거의 성취에 집착한다는 표시이며, 쓸데없는 방어의식과 경쟁의식밖에는 가진 게 없는 사람이라는 걸 안팎으로 광고하는 일이다. 갑옷을 벗으면 인격도 사라진다고 믿는 것이나 다름없다. 어쩌다 이런 생각을 가진 사람들이 많이 오는 행사에 참석하게 되면 몸이 뒤틀린다. 그날 행사의 원래 목적과는 아무 관계도 없는, "그 당시, 내가 그 일을 했을 때……"로 시작되는 지루한 얘기를 끝도 없이 들어야 하기 때문이다.

은퇴를 원래의, 자연 그대로의 자기 자신으로 돌아가는 사건이나 계기로 볼 수는 없을까? 인생의 한 단계를 졸업하고, 더 높은 또 하나의 단계로 올라가는 계기라고 생각할 수는 없을까? 오랫동안 입었던 몸에 맞지도 않는 두껍고 거추장스러운 갑옷을 벗고 원래의 나 자신으로 돌아가는 계기, 그래서 자연스럽고 솔직하게 나답게 살아가는 계기로 삼을 수는 없을까?

그렇다고 해서 과거를 잊으라는 건 아니다. 인생의 험난한 과정을 잘 통과했다는 자부심은 간직하는 것이 좋다. 단지 그 속에서 함께한 갑옷은 버려야 한다. 갑옷은 갑옷이자 하나의 껍데기일 뿐, 진정한 알맹이는 나 자신이니까.

그러나 오해는 없기 바란다. 갑옷을 벗어야 한다고 해서 은퇴 후에 아무 일도 하지 말아야 한다거나 혹은 세상을 향해 자신을 내세우지 말라는 것은 결코 아니다. 아니, 오히려 어정쩡한 갑옷을 벗어야만 자신이 정말 하고 싶은 일, 잘할 수 있는 일도 찾을 수 있고, 사회에도 기여할 수 있기 때문이다.

유명한 사회학자 이효재 선생은 은퇴한 후에 무거운 갑옷을 벗고,

당신이 가지고 있는 지식과 평소의 꿈을 실천하고 있는 대표적인 사람이다. 선생은 은퇴 직후에 책임 있는 자리를 맡아달라는 요청을 여기저기서 많이 받았지만, 모두 거절하고 홀연히 고향인 진해로 내려갔다. 그때 안타까워하는 제자들에게 선생이 남긴 말씀은 "어느 순간부터 내가 한 말을 자꾸 다시 한다는 걸 알게 되었을 때, 아차, 이게 아니구나 싶었다. 이제 더 이상은 중요한 자리를 맡거나 선두에 나서면 안 되겠다고 생각했다"라는 것이었다.

나는 선생이야말로 자신에게 맞지 않는 갑옷의 위험성을 정확하게 꿰뚫고 있고, 그런 옷을 벗어야 할 '그때'를 정확히 알고 실천한, 스마트하고 용기 있는 사람이라고 생각한다.

더 존경스러운 건 선생이 갑옷 없이도 여전히 열심히 일하고 있다는 사실이다. 진해로 내려간 지 10년이 훨씬 지난 지금, 선생은 어린이 도서관 운영하는 일을 포함하여 다양한 지역사회 활동을 펼치고 있다.

나는 선생을 보면서 갑옷을 벗는다고 해서 한 사람이 가진 고유의 가치와 인간으로서의 '격'이 사라지는 게 아니며, 오히려 몇 배 더 빛날 수 있음을 확인한다. 그리고 무겁고 거추장스러운 갑옷을 벗어 제치고 진정 자신이 하고 싶은 일을 하는 사람의 자유로운 행복감을 확인한다. 또한 자신만의 커리어를 개발하고 실천하는 일은 언제라도, 은퇴한 후에, 갑옷을 벗고도 얼마든지 가능하다는 희망도 가져본다. 은퇴 후에 작고 소박한 일을 계속하는 것 또한 '중요한 자리나 선두에 나서는 일'만큼이나 의미 있고 소중하다는 사실도 새삼 확인한다.

이제, 갑옷을 벗은 '낯선 자신'과 미리 직면해보는 연습을 시작해야겠다. 무엇보다도, 갑옷을 벗은 후에도 빛날 수 있는 나만의 가치를 쌓기 위해 노력해야겠다.

- 갑옷을 벗은 후의 '낯선 자신'과 미리 직면해 보는 연습을 시작하자!
  무엇보다도, 갑옷을 벗은 후에도 빛날 수 있는 나만의 가치를 쌓는 것이
  가장 중요하다

03 생의 회고와 자서전 쓰기 :

자신의 역사와
대면하다

당신의 삶을 곰곰이 뒤돌아본 적이 있는가? 과거를 통해 얻는 깨달음은 남은 생을 살아가는 데 충분한 도움이 될 것이다. 당신은 자서전 쓰기를 통해 일련의 질문과 반성의 과정을 거치며 과거가 주는 교훈에 대해 생각해보고 생의 회고를 통해서 새로운 자아정체성을 발견할 수 있을 것이다. 부담은 갖지 말자. 예전 이야기에 관해 자유롭게 써보자 얼마 전에 이사하면서 식탁 옆 벽에 어떤 사진을 붙일까 고민하다가 부모님의 결혼식 사진, 집 앞에서 세발자전거를 타는 남편의 어린 시절 사진 등 흑백사진을 몇 장 붙였다. 그런데 이 사진들을 붙이는 과정에서, 그리고 흑백사진에 대한 사람들의 열띤(?) 반응을 살펴보면서 흑백사진의 가치를 다시 생각해보게 되었다.

그동안 나는 흑백사진 속의 '과거'에는 관심을 두지 않고 살아왔다. 어렸을 때 할머니 집 방문 위에 걸려 있던 흑백사진에서 느껴지던 봉건적이고 전근대적인 퀴퀴한 느낌과는 정반대의 삶을 지향해왔다. 선진도시 한복판에 서 있는 모습을 담은 컬러사진에 자부심을 느껴왔던 것이다.

시간이 흘러서 '지금 여기에서'의 삶이 가장 중요하다는 것을 알게 된 후에는 더욱 그러했다. 과거는 그냥 과거에 지나지 않았다. 과거를 회상한다거나 과거에 대해서 자주 말하는 것은 "나도 왕년에는……"이라며 말을 꺼내는 노인의 얘기처럼 지루하거나 혹은 입만 열면 "내가 지금 여기서 이렇게 살 사람이 아니거든……. 세상을 잘못 만나서, 혹은 조직이 날 알아주지 않아서 이렇게 됐거든……" 같은 종류의 레퍼토리를 반복하는, 패자의 심리를 가진 사람의 태도처럼 억지스럽게 느껴졌다.

그런데, 흑백사진을 벽에 붙이는 행위를 통해서 내가 그동안 얼마나 오랜 세월 동안 과거에 대한 '되새김질' 없이 살아왔는지 반성하게 되었다. 그동안 나는 어디에서 길을 헤매며 살아왔던 것일까? 이사할 때마다 흑백사진이 든 사진첩을 부담스럽게 여기며 버릴지 말지 고민했지만, 지금 생각해보면 '버리지 말아야 할 것들은 다 버리고, 버려야 할 것들만 움켜쥐고 살아온 건 아닐까?' 하는 의문이 밀려들었다.

딴에는 치열하게 산다고 살아왔지만 정작 가장 소중한 건 잘 챙기지 못한 건 아니었을까? 인생의 한창때, 겉으로는 생산적이고 바쁘게 지내며 '생존'하기 위해서라면서 자못 심각한 표정을 지었었다. 그러나, 지금 생각해보면 그렇게 팍팍하게 지내지 않았더라도 지금 정도로는 살아남았을 것 같다. 어쩌면, 당시에 '인생의 그때'가 아니면 얻을 수 없는 것들을 많이 놓쳤을지도 모른다.

❖ 내 안의 이야기를 자유롭게 떠올려보자

나는 이런 일련의 질문과 반성의 과정을 거치면서 과거가 주는 교훈에 대해 생각해보았고, 과거가 나 자신에 대한 탐구의 장이 될 수 있다는 걸 깨달았다. 그리고 노년학자들이 왜 '생의 회고'라는 과정을 중시하는지, 그리고 '자서전 쓰기'가 왜 노년에 자아정체감을 지속시키는 채널로써 주목받고 있는지 생각해보게 되었다.

버틀러R. Butler는 노인들이 과거에 만난 사람들이나 사건, 감정에 대해 이야기하는 것이 매우 자연스러운 심리적인 과정이라고 주장한다. 인생을 되돌아봄으로써 새로운 시각으로 자신의 경험과 행동 반응을 바라볼 수 있다는 것이다. 소원해진 가족이나 친구와의 화해 등 그동안 해결하지 못했던 과제를 마무리할 수도 있는데, 이러한 과제를 끝낸 후의 성취감이 여생을 마음 편히 살아가도록 해준다고 한다.

　물론 '인생을 돌아본다'라는 것이 항상 긍정적인 결과로 이어지는 것은 아니다. 인생을 낭비했고, 남에게 상처를 주었으며, 이제는 과거를 보상하거나 개선할 기회가 없다는 절망감에 빠질 수도 있다. 그럼에도 노년학자들은 대부분의 사람이 인생을 회고하는 과정을 통해 인생의 성공과 실패를 모두 받아들이고, 균형 잡힌 평가를 할 수 있다고 주장한다. 즉 자기 인생의 의미를 찾고, 과거와 현재를 받아들인다는 것이다. 이러한 생의 회고는 구체적으로 '자서전 쓰는 행위'를 통해서 이루어지는 경우가 많다.

　'자서전 쓰기'의 긍정적인 측면을 가장 실감 나게 보여준 사람은 작년에 만났던 C씨(59세)였다. 그는 오래전부터 은퇴한 후 자서전을 써보리라 결심했었다고 한다. 행복한 기억보다는 불행한 기억이 더 많았던 자신의 인생을 돌아보고, 그 원인이 무엇인지 정리해보고 싶었기 때문이다. 게다가 은퇴한 후에 아내와의 사이가 더 나빠지면서 앞으로 남은 노후를 위해서라도 반성할 건 반성하고, 고칠 건 고쳐야겠다고 스스로 생각하게 되었다고 한다. 그는 집 근처에 있는 사회복지관의 '자서전 쓰기반'에 등록했다.

　자서전 쓰기 과정은 오랫동안 잊고 있었던, 아니 의식적으로 생각하지 않으려고 애썼던 '어린 시절과 가족'에 대한 이야기를 쓰는 것에서부터 시작되었다. 그는 부부싸움이 끊이지 않던 부모 밑에서 자라났다.

　"아주 어린 시절에는 부모가 저렇게 싸우다가 이혼이라도 하면 어떻게 하나 하는 불안감 속에서 살았어요. 그러다가 사춘기가 돼서는 '우리 부모는 저렇게 싸우면서도 왜 이혼하지 않는 걸까?' 하는 의문을 가질 정도로 많이 싸우셨죠."

장남이었던 그는 스트레스를 심하게 받지 않을 수 없었고, 소심하고 자신감 없는 청년으로 자라났다. 남들로부터는 성실하고 얌전한 사람이라는 평을 들었지만, 그의 마음속에는 항상 자신감 없고 대인관계에 어려움을 겪는 상처받은 어린 소년이 남아 있었다. 그는 자주 불행했고, 자주 부모를 원망했다. 게다가 자신의 결혼생활 또한 행복하지 않았다.

그런데 자서전을 쓰기 위해 가계도를 그려보고, 아직 살아계신 어머니, 그리고 돌아가신 아버지의 친척들을 만나서 부모의 과거를 추적해보는 과정에서 그는 기대했던 것보다 훨씬 큰 깨달음과 치유의 과정을 겪게 되었다. 그의 어린 시절, 즉 부모의 싸움이 계속되던 그 시절이 부모 각자의 인생에서도 가장 힘든 시기였다는 것을 새삼 깨닫게 된 것이다.

가난한 집안의 장남이었던 아버지는 고등학교에 진학해서 공부하고 싶었지만, 전쟁으로 풍비박산 난 집안의 대식구를 부양하기 위해 자신의 꿈을 희생해야 했고, 당시 만나고 있었던 여자가 뜻하지 않게 임신한 탓에 갑자기 결혼할 수밖에 없게 된 자신의 처지에 대해 분노하고 있었다. 어머니 또한 전쟁 중에 갑자기 돌아가신 아버지와 시집간 언니를 대신해서 가장 노릇을 하느라고 꿈을 모두 포기해야 했던 불행한 처녀였다.

"생전 처음으로 부모가 나한테 화를 낸 게 아니라 각자의 운명에 대해 화를 냈던 거라는 사실을 깨달았어요. 그리고 부모님께서 불행과 고통 속에서도 우리 삼 남매에게 부모로서의 의무를 다하려고 노력했고 어미, 아비 없는 자식을 만들지 않으려고 끝까지 이혼하지 않았다는 사실도 알게 됐죠. 어려운 형편에서도 삼 남매의 등록금 납부일을 지키려고 노력하던 아버지의 모습이 떠올라서 한참 동안 울기도 했어요."

C씨는 평생 처음으로 부모의 긍정적인 모습을 보았고, 부모는 물론 자신의 내면에 웅크리고 있던 상처받은 소년과도 화해했다. 그는 오랫동안 쌓여 있었던 내면의 분노가 사라지는 느낌, '내가, 이래 봬도 소중한 존재'라는 자기인식을 갖게 되었으며, 오랫동안 자신을 지배해왔던 과거의 부정적인 생각에서 벗어나고 싶다고 말했다.

그는 부모를 통한 부정적인 자기 인식이 인생에 미친 영향에 대해서도 생각해보았다. 아내와의 관계에 대해서도 전과는 다른 통찰력을 갖게 되었다. 즉 그는 너무나 자주 싸우는 부모에 대한 반작용으로서 '부부는 절대로 싸우지 말아야 한다'라는 인생각본을 갖게 되었는데, 그 또한 어린 시절의 불행감을 보상받으려는 심리 때문이었다. 그리고 그것이 의도와는 달리 아내의 불만만 쌓이게 하는 원인이었다는 걸 깨달았다.

"이제야 아내한테 어떻게 해야 할지 알게 되었어요. 부모처럼 싸우는 게 좋은 건 아니지만 그렇다고 지나치게 참아서도 안 된다는 걸 깨달았죠."

뒤늦게나마 인생에서 새로운 도전과제가 생긴 셈이었다.

❖ 새로운 인생을 위한 필수과제, 자서전 쓰기

C씨의 과거 이야기를 통해서 나는 인생의 성공과 실패라는 것도 누구의 시점에서 어떻게 보는가에 따라 다르며, 그것이 다르다고 해서 누구를 비난할 수는 없다는 것도 알 수 있었다.

"저와 동생들이 보기에 우리 부모는 성공적인 삶을 살지 못한 사람들이고 무엇보다 결혼생활에서 실패한 사람들이었어요. 그런데 이번에 알게 되었는데, 부모님은 그동안 쭉 자신들을 성공적인 부모라고 자부하고 있었던 거예요. 죽을힘을 다해 자식들을 키웠고, 공부도 시켰고, 무엇보다 이혼하지 않았기 때문에 성공했다는 거죠."

그는 덧붙였다.

"우리 부모님의 생각이 우리하고 다르다고 해서 부모님께서 틀렸다고 말할 수는 없지 않겠어요?"

C씨의 이야기는 자서전 쓰기를 통해 과거를 회고하고 자신의 역사, 특히 어린 시절의 아픔과 대면하여 오랫동안 그를 사로잡았던 부정적인 감정을 정리하고 자존감을 되찾은 과정, 그리고 앞으로 남은 노후의 삶과 부부관계를 재구성할 수 있게 된 과정을 잘 보여준다. 그는 평생 행복하지 않았기에 왜 그래야만 했는지에 대한 해답을 찾아 나섰다. 그리고 앞으로는 좀 더 행복하게 살고 싶다는 생각에서 자서전 쓰기를 선택한 현명한 사람이었다.

나는 C씨를 보면서 우리 인간이 과거를 바꿀 수는 없지만, 과거에 대한 생각을 바꿀 수는 있다는 점을 새삼 깨달았다. 또한 자서전이 과거와의 화해, 즉 과거의 불만과 부정적인 감정을 없애는 통로가 될 수 있다는 점을 확인했다.

특히 C씨를 통해서 60세를 전후한 시기에 자서전을 쓴다는 것이 얼마나 중요한 의미를 갖는지를 깨달았다. 수명도 길어진 요즘, 예순이라는 나이는 과거를 돌아봄으로써 또 다른 미래를 설계하기에 딱 적합한, 아니 충분히 젊은 나이인 것이다. 자서전을 통해 과거에 자신이 주로 사용했던 적응전략을 인식하고, 자신의 강점과 약점을 확인하여, 앞으로 다가올 여러 가지 인생의 위험들에 대해서 어떻게 대처하면 좋을지 통찰력을 얻을 수 있다. C씨 또한 이러한 일련의 과정을 통해서 훨씬 더 성숙하고 행복한 인생의 새 장을 열 수 있을 것이라고 확신한다.

흔히 나이가 들수록 자아정체성을 확인하고 자아연속성을 유지하는 것이 중요하다고 말한다. 즉 은퇴해도, 늙어가도 인간으로서의 나의 가치가 변함없다는 것을 확인하는 일이 중요하다는 것이다. 요즘 젊은이들 표현대로, 만 원짜리가 구겨졌다고 천 원이 되는 것은 아니니 말이다.

하지만 다른 한편으론 '자신의 정체성에 집착하는 것 또한 쇠퇴나 변화를 인정하지 않으려는 방어적인 태도가 아닐까?' 하는 의문이 들 때도 있다. 상황이 바뀌어도 변하지 않는 부분이 있어야 하는 건 사실이지만, 때로는 나 자신의 변화를 인정해야 할 때도 있고, 혹은 적극적으로 변화해야 할 때도 있기 때문이다.

그렇다면 나이 들어도 변하지 말아야 하는 것과 변해야 하는 것이 무엇인지 어떻게 알 수 있을까? 그 해답의 일부를 과거에서 찾아야 할 것이다.

나는 풍부한 과거를 갖고 있다. 그리고 그 풍요로운 과거는 나의 미래를 결정하는 중요한 자원이다. 비록 그동안 정신 차릴 수 없이 빠르게 변화하는 무한경쟁의 세상에서 뒤처지지 않게, 헉헉 가쁜 숨을 몰아쉬며 앞만 보며 달려왔지만, 풍부한 과거의 샘으로부터 지혜를 퍼 올릴 수만 있다면, '변하지 말아야 하는 나'와 '변해야 하는 나'를 구분할 수 있지 않을까, 기대해본다.

• 자신의 인생을 되돌아보며 인생의 성공과 실패를 모두 받아들이고 새로운 의미를 찾아보자! 그 속에서 당신은 마음의 풍요로움을 얻을 것이다

04 삶에 대한 지배력 :

돈보다 중요한
삶의 자세

주변을 돌아보면 분명히 가난하고, 사회적 지위가 그리 높지 않은 것 같은데도 삶의 활기나 광채가 느껴지는 사람이 있다. '자발적인 가난'을 선택한 사람의 얼굴은 돈은 많지만, 인생에 대한 지배력을 갖지 못하는 부자의 얼굴보다 훨씬 더 건강하고 행복해 보인다. 자신이 사는 방식은 스스로 선택해야 하는 법. 아무리 돈이 많더라도 자신의 삶이 아니라면 행복할 수 없을 것이다. 당신은 인생에서 '삶에 대한 지배력'을 얻기 위해 어떤 노력을 하고 있는가?

1970~80년대까지만 해도 지위가 높은 사람은 스트레스를 많이 받으며, 그 스트레스가 심장질환을 가져올 가능성이 크기 때문에 건강하지 못하고 수명도 짧다는 것이 정설이었다. 그러나 런던대학 공중보건학 교수이며, 국제건강사회센터 소장인 마이클 마멋M. Marmot 은 사회적 지위가 건강과 수명을 결정한다는 '지위신드롬The Status Syndrome'을 주장했다. 한마디로 사회적 지위가 높은 사람일수록 더 건강하고 장수한다는 것이다. 즉 사장은 부장보다, 부장은 과장보다, 과장은 말단직원보다 무병장수할 가능성이 크며, 석사 학위를 가진 사람은 학사 학위를 가진 사람보다 더 건강하다는 것이다. 그는 심지어 아카데미상을 받은 배우가 상을 받지 못한 배우보다 더 건강하게 오래 산다고 주장한다.

❖ 행복을 좌우하는 '삶에 대한 지배력'

마멋 교수는 영국 공무원 사회를 대상으로 연구를 시작한 이래 가정과 회사생활, 국가간 비교, 그리고 인간과 동물사회의 비교 등 광범위한 연구를 통해서 사회적 지위가 높은 사람이 건강하고 오래 산다는 사실을 입증하고, 그 이유를 분석했다. 이유인즉슨 사회적 지위가 높은 사람일수록 삶에 대한 지배력, 예측 가능성, 다양한 자원, 위험에 대한 분출구, 사회에 개입하고 참여할 기회를 더 많이 얻기 때문에 더 건강하고 장수한다는 것이다. 그런데 이 중에서도 가장 중요한 것은 '삶에 대한 지배력'이라고 마멋 교수는 설명한다.

나는 어떤 사람의 건강과 수명이 그가 가진 부나 소득, 혹은 사회적 지위 그 자체가 아니라 얼마나 자기 인생을 스스로 조절하고 있는가 하는 '삶에 대한 지배력'에 달려 있다는 마멋 교수의 주장에 공감한다. 주변을 둘러보면 한 가지 일에서 성공한 사람이 다른 일에서도 성공하는 경우를 자주 보게 되는데, 그 비밀 또한 '삶에 대한 지배력이 아닐까'라고 생각한다.

그렇다면 돈은 건강과 수명에 얼마나 크게 영향을 미칠까? 마멋 교수는 이에 대해, 만일 다른 것을 가지고 있지 않다면 돈이 중요하다고 말한다.

나는 한 걸음 더 나아가 '삶에 대한 지배력'은 행복에도 중요한 영향을 미친다고 생각해 본다. 주변을 돌아보면 분명히 가난하고, 사회적 지위가 그리 높지 않은 것 같은데도 삶의 활기나 광채가 느껴지는 사람이 있다. 가난도 가난 나름이라고 말해야 할까? '자발적인 가난'을 선택한 사람의 얼굴은 돈은 많지만, 인생에 대해 지배력을 갖지 못하는 부자의 얼굴보다 훨씬 더 건강하고 행복해 보인다.

작년 2월 지리산 근처에 사는 예술인들이 만들어서 운영한다는 지리산학교를 찾아가는 길에 "행여 견딜 만하면 제발 오지 마시라"는 약 올리는 듯한(?) 시 〈행여 지리산에 오시려거든〉을 쓴 이원규 시인을 길가 주유소에서 만난 적이 있다. 그 유명한 은빛 오토바이를 열심히 닦고 있다가, 우리 일행에게 헬멧을 벗고 활짝 웃으며 인사하는 그 얼굴이

어찌나 건강하게 빛나는지, 나도 모르게 '아, 저렇게 건강하고 활기차고 행복한 얼굴을 본 게 도대체 얼마 만이지?' 하고 중얼거릴 정도였다. 그는 얼굴을 보는 것만으로도 행복해지는 그런 모습을 하고 있었다.

1962년생인 이원규 시인은 흥성광업소 막장 후산부, 노동해방문학 창작실장, 한국작가회의 총무,《중앙일보》및《월간중앙》기자 등 다양한 직업을 전전하다가 30대 중반에 지리산으로 왔다고 한다. 서울을 떠날 때, 자신만의 도피성 행복을 찾아 떠나는 건 아닌지, 뭔가 또 하나의 죄를 짓는 건 아닌지 스스로 되물으며, 두 번이나 서울역의 노숙자들과 일주일씩을 함께 지냈다고 한다. 거기서 그는 천민자본주의의 얼굴을 정확히 보았으며, 우선 자신부터 청안청락(靑安靑樂)하지 않고는 이 세상을 위해 아무것도 할 수 없다고 깨달았다. 그리고 지리산에 온 후에야 "내 마음을 내 마음대로, 내 몸을 내 몸대로 움직일 수 있게 되었다"라고 한다.

비록 비싼 오토바이를 타고 다니는 바람에 시인 같지 않다는 말도 많이 듣는다고 하지만, 이원규 시인은 10년이 넘도록 지리산 언저리의 빈집을 떠돌며 사는 자발적인 가난을 선택했다. 그는 한 달에 50만 원 정도면 지리산에서 사는 데 아무런 장애가 없다고 말한다. 배고프면 밥 먹고, 잠 오면 자고, 걷고 싶으면 온 동네를 걷고, 달리고 싶으면 모터사이클 시동을 걸어 한반도 곳곳을 누비며 그는 스스로 자연의 일부가 되는 삶을 살고 있다.

그는 책상머리에만 앉아 있는 시인이 아니다. 환경운동에 온몸을 바치는 행동하는 시인이기도 하다. 지리산 지킴이를 자처하고 있으며,

각계 종교인들과 시인으로 구성된 '생명의 강을 모시는 사람들'과 함께 백 일 동안 한강-낙동강-영산강-금강을 걷기도 했다.

자발적 가난을 선택한 사람 중에 예술가가 많은 것은 우연이 아니다. 이들의 작품과 삶은 끝없이 돈에 집착하는 우리의 삶을 되새겨보게 한다. 지리산에는 이원규 시인뿐 아니라 박남준 시인도 살고 있다. 나는 그를 직접 만난 적은 없지만, 오십 넘도록 혼자 살고 있는 박남준 시인이 스스로 '관 값'이라고 부르는 자신의 장례비 2백만 원만 가지고 있으면서, 돈이 조금이라도 넘치면 여기저기 시민단체에 기부한다는 사실쯤은 들어서 알고 있다. 또 동양화가 최용건의 책《조금은 가난해도 좋다면》을 읽고 있노라면, 백두대간 깊숙이 숨어 있는 마을, 진동리에서의 그의 삶 자체가 바로 여백으로 가득 찬 멋진 동양화인 것처럼 느껴진다.

이들에게는 공통된 특징이 있다. 즉 자신이 살아가는 방식을 스스로 선택했다는 점이다. 그리고 스스로 선택한 삶을 영위하고, 자신이 하고 싶은 일에 몰두하기 위해서 돈 버는 일을 덜 하고 덜 소비하는 '가난'을 자발적으로 선택했다. 이들의 가난은 한마디로 자율적이다. 해서, 이들의 가난은 초라하지가 않다. 아니 심지어 당당해 보이기까지 한다. 이들의 얼굴에서 나타나는 요즘 세상에서 보기 드문 활기와 광채는 자율성이 돈보다 훨씬 더 소중하다는 진리를 보여준다. 이들은 세상 사람들이 중요시하는 것들을 포기한 그만큼 더 자유롭고 행복하다. 그리고 마

멋 교수의 이론에 의하면, 이들은 비록 가난하지만 삶에 대한 지배력을
가지고 있기에 건강하고 오래 살 것이다.

❖ 돈으로도 살 수 없는 '삶에 대한 지배력'

그런데 돈은 많지만 삶에 대한 지배력을 가지지 못한 사람의 얼굴
은 딴판이다. 이들의 얼굴은 걱정과 불안, 강박관념과 묘한 경계심으로
가득 차 있다. 한마디로 표정이 복잡하다. 54세의 A씨는 평생 아버지의
그늘에서 살아왔다. 대학 졸업 직후에 아버지 친구가 경영하는 회사에
취직해 일했던 3년간이 그나마 그의 일생에서 가장 자율적으로 살았던
기간이었다. 아내는 아버지 밑에서 일하던 여직원이었고, 아버지의 권
유로 결혼까지 하게 되었다.

A씨는 25년 동안 아버지가 운영하는 중소기업에 적을 두고, 아버지
가 소유하고 있는 부동산을 관리하며 살아왔다. 그러다 보니 가뜩이나
내성적이고 온순한 편인 그는 매사에 권위적이고 독단적인 성격의 아
버지 눈치만 보기 일쑤였다. 그래도 40대까지는 충분히 만족스러웠다.
동창들과는 비교가 안 되는 비싼 아파트에 큰 차를 가지고 있다는 사실
만으로도 만족했다. '부자 아빠'를 둔 자신을 부러워하는 친구들을 만날
때마다 우쭐한 느낌이 들었고, 그때만 해도 그게 바로 행복인 줄 알았으
며, 그 행복이 평생 계속되리라고 믿어 의심치 않았다.

그러나 쉰 살 무렵부터 그는 심한 갈등에 휩싸이게 된다. 자기보다 훨씬 못 살던 동창들이 승진하고 높은 위치에 올라가거나, 더 비싸고 좋은 아파트에 살고 더 큰 차를 타는 것을 볼 때마다 자신이 상대적으로 초라하게 느껴졌기 때문이다. 점점 자신만만해지는 친구들에 비해 자신은 점점 쪼그라드는 느낌이다. 쉰이 훨씬 넘도록 평생 아버지 눈치만 보면서 살아온 데 대한 회의감, 그리고 여든을 바라보는 나이에도 모든 것을 쥐고 흔드는 아버지에 대한 증오심이 그를 괴롭히고 있는 것이다. 그렇다고 이제 와서 아버지에게 반기를 들 수도 없다. 그러면 아버지는 불같이 화를 낼 것이고, 자칫하다가는 자기 몫의 재산을 물려받지도 못한 채 일생 참으며 지켜온 모든 것이 수포로 돌아갈 수도 있기 때문이다. 그는 아버지로부터 진작 독립하지 못한 것을 후회하고 있다. 그러나 지금은 너무 늦었다. 자신은 70대 후반인 아버지보다도 더 건강이 좋지 않고, 아버지보다도 더 늙어버린 느낌이다.

A씨는 최근 들어 부쩍 자신이 마음대로 할 수 있는 건 하나도 없는 것 같다는 느낌에 시달리고 있다. 아내나 자식도 마음대로 따라주지 않는다. 자기가 얼마나 힘들어하는지도 모르는 채 돈만 펑펑 쓰고 다니는 꼴들이 너무나 못마땅하다. 그들이 돈을 달라고 할 때마다, 이게 어떤 돈인데, 자신의 온 인생과 피눈물이 서린 돈인데, 하는 생각에 화가 머리끝까지 치민다. 그런데도 그들은 천하태평이다. 아버지 눈치를 끊임없이 살피는 자신과는 달리, 그들은 자신을 의식하지 않을 뿐 아니라 무시하는 듯한 느낌마저 든다. 자신이 집에 있으면 약속이나 한 듯 모두 외출해버리는 모습을 보면서 너무나 외롭다.

친구들 만나는 것도 점점 즐겁지가 않다. 자신보다 잘나가는 친구를 만나는 것도 괴롭지만, 그렇지 않은 경우에도 혹시 돈을 꿔달라고 하지는 않을까, 혹시 나를 이용하려고 하는 건 아닐까, 하는 의심이 들기 때문이다.

A씨의 인생은 자신을 초월한 무언가에 의해 지배당하고 있다. 이러한 상황을 벗어나기 위해 그가 할 수 있는 것은 아무것도 없다. 적어도 그는 그렇게 느끼고 있다. 그에게는 무언가를 결정할 재량권이 없다. 그가 가진 유일한 기술은 끝없이 인내하는 것뿐이다. 그러나 인내가 미덕만은 아니다. 그것은 그를 지치게 하고 무기력하게 만든다. 게다가 나이가 들수록 상황은 더욱 고통스러워지고 있다. 그는 건강이 좋지 않으며, 우울증의 위험마저 높아지고 있다.

A씨의 예는 너무 극단적일까? 하지만 내 주변에도 돈은 있지만 삶에 대한 지배력은 부족한 사람들이 꽤 있는 편이다. 이들의 화제는 처음부터 끝까지 돈인데도, 결론은 돈이 부족하다는 것이며(그래서 점심도 상대적으로 가난한 내가 산다), 결국 행복하지 못하다는 것이다. 세금 때문에, 전보다 수입이 적기 때문에, 돈 달라고 조르는 자식들 때문에, 남들이 더 잘사는 것 같아서 괴롭다고 말한다. 이런 사람들의 얘기를 한참 듣다 보면, 나도 헷갈린다. 왜 돈을 많이 가진 사람일수록 더 자유롭지 못하고 더 강박적인지 알 수가 없다. 이런 사람들을 만나면 참 재미가 없다.

돈이란 물론 이 자본주의 사회에서 소중한 것이다. 특히 나이 들수록 돈이란 인간으로서의 존엄성과 삶의 질을 지켜주는 필수적인 요소다. 하지만 그보다 더 중요한 것은 자신의 삶에 대해 스스로 지배하는 능력이다. 어떤 경우에도 '삶에 대한 지배력'을 잃어버리지 않는 자만이 더 행복해질 수 있다는 사실을 되새김질해야 할 것이다.

• 돈으로 살 수 없는 것이 사람의 마음이다. 가슴속에 살아 있는 마음으로 살아가는 방식을 스스로 선택해보자!
'삶에 대한 지배력'을 가지고 있는 사람이 진정으로 행복한 삶을 사는 것이다

3부

일상의 재구성 :: 일하면서 즐기면서 배우면서

01 일상의 재구성 :

나의 하루는 읽고
생각하고 남을 돕는 일로
가득 차 있다

은퇴 후 일상에 대해서 생각해본 적이 있는가? '바쁘다, 바빠'를 입에 달고 뛰어다니던 사람들에게 은퇴란 '이제 전혀 바쁘지 않은' 낯선 일상과의 만남이다. 현재 은퇴자들은 하루 시간의 대부분을 매우 소극적이고 정적인 여가활동으로 채우고 있다. 이들의 하루는 길고 지루하다. 일상생활을 어떻게 꾸미느냐에 따라 행복이 정해진다는데…… 행복이란 어떤 거창한 것이 아니라 사소한 일상에 달려 있다. 자, 이제 새로운 일상을 꾸려보자!

은퇴 후 가장 먼저 부딪히는 현실적인 문제는 무엇일까? 무엇보다도 '오늘 하루를 어떻게 행복하게 보낼 것인가?'의 문제라고 생각한다. 실제로 내가 만났던 많은 은퇴자가 '하루를 어떻게 보내야 할지 모르겠다'고 호소했다. 특히 하루 중에서도 오후 시간을 보내기가 더 어렵다는 하소연이 많았다. 59세의 G씨는 "오전과 저녁 시간은 그런대로 잘 가는데 점심 먹고 나면 그때부터는 정말 할 일이 없어요. 그래서 하릴없이 빈둥거리다 보면 밤에 잠도 안 오고, 새벽에 너무 일찍 깨게 돼요. 일찍부터 움직이다 보면 그렇지 않아도 긴 하루가 더 길어지고요"라면서 스스로 생각해도 '프로그램이 없는 게 문제'라고 진단했다.

'바쁘다, 바빠'를 입에 달고 뛰어다니던 사람들에게 은퇴란 '이제 전혀 바쁘지 않은' 낯선 일상과의 만남이다. 은퇴 후의 나날은 얼핏 어린 시절에 경험했던 방학과 닮아 있지만, 양자 간에는 커다란 차이가 있다. 방학은 짧을수록 달콤한데, 불행하게도 은퇴 후의 방학에는 언제 개학할지 기약이 없다. 그래서 달콤하지 않을 뿐 아니라 아슬아슬한 긴장감이 없으니 재미도 줄어드는 것이다. 실제로 대부분의 통계자료는 현재의 은퇴자들이 하루 시간의 대부분을 매우 소극적이고 정적인 여가 활동으로 채우고 있음을 보여준다. 이들의 하루는 길고 지루하다.

그러나 나는 행복을 '일상의 즐거움'이라고 정의한 카네만^{D. Kahnemann} 교수의 주장에 절대 공감한다. 행복이란 어떤 거창한 것이 아니라 사소한 일상에 달려 있다고 보는 것이다. 그래서 하루를 어떻게 보내는가, 하루 중 기분 좋은 시간이 얼마나 되는가가 행복에서 가장 중요한 조건이다.

미치 앨봄M. Albom의《모리와 함께한 화요일》에 등장하는 모리 교수는 만약 24시간만 건강해진다면, 아침에 일어나서 운동하고, 스위트롤 빵과 차로 아침 식사를 하고, 수영하러 가고, 친구들과 점심을 함께하며 가족과 중요 관심사에 대해 이야기를 나누고 싶다고 했다. 더하여 가족과 친구들과 서로 소중한 사람임을 확인하고, 산책하러 나가서 자연에 파묻히고, 저녁에는 레스토랑에 가서 맛있는 식사를 하고, 늦게까지 춤추고 싶다고 말한다. 즉 모리 교수가 마지막으로 갖고 싶어 했던 하루는 대통령을 만나거나 멋진 관광지로 날아가는 거창하고 대단한 하루가 아니라, 평범하고 일상적인 행복이 깃든 그런 하루였던 것이다.

최근 들어 노년학에서도 노인의 일상생활에 대해 관심을 두기 시작했다. 그동안의 노년학 연구가 개인의 일상적인 경험과 너무 멀리 떨어져 있었음을 반성하면서 노인을 효과적으로 돕기 위해서는 노인의 일상생활에 대한 연구가 이루어져야 한다는 것을 인식한 것이다.

노년학자들은 은퇴 후의 적응도 결국은 일상생활을 어떻게 꾸려나가는가에 달려 있다고 지적한다. 은퇴란 의무적인 시간표로부터 해방되는 것을 의미한다. 즉 은퇴와 함께 은퇴자는 하루 시간을 자신이 원하는 것으로 채워 넣을 수 있는 '자유'를 갖게 되는 것이다. 그런데 문제는 바로 이 '자유'가 양날의 칼과도 같다는 사실이다. 일상생활을 스스로 선택한 것으로 채워 넣을 수 있는 자유를 얼마나 잘 행사하며 즐기느냐에 따라 은퇴생활의 적응 여부와 만족도가 결정되는 것이다. 즉 은퇴자는 그동안의 의무적인 시간표를 자신이 만든 즐거움의 시간표나 일정표로 대체해야 한다.

❖ 당신의 일상생활 유형은?

스웨덴의 칼손 아그렌(M. Carlsson-Ägren)과 동료들은 노인들의 일상생활을 심층 분석하여 크게 7가지 유형으로 분류했다. 나는 이들이 분류한 일상생활 적응유형을 그동안 연구를 위해 직접 만났던 은퇴자에게 적용하여 소개하고자 한다. 이들은 50대 후반부터 60대 초반의 연령대로서 건강한 편이고, 중간 정도의 경제적인 계층에 속하며, 대도시에 살고 있다. 이들의 일상생활을 유형화함에 있어서 객관적 사실이나 표현된 언어뿐만 아니라 이들이 가지고 있는 경험, 사고, 감정 등의 측면까지도 고려했음을 밝혀둔다.

• 자아실현형 : 나의 하루는 읽고 생각하고 만나고 남을 돕는 일로
가득 차 있다

Mr. A(61세)는 아침 6시에 일어나서 신문을 읽고 뉴스를 본다. 노인종합복지관에서 자원봉사를 하는 월, 수, 금요일에는 9시까지 나가야 하므로 서둘러서 아침 식사를 준비한다. 병원의 행정부서에서 오래 일했던 경험을 살려 지난 1년간 새로 생긴 노인종합복지관의 행정 일을 도와주었는데, 이제 웬만큼 자리를 잡았다고 판단되어 다른 봉사활동을 하려고 생각 중이다. 친구들은 돈 받는 것도 아닌데 꼭 나가야 하느냐며 오늘은 나가지 말고 같이 놀러

가자고 말할 때도 있지만, 봉사 시간만큼은 꼭 지키려고 노력한다. 요즘엔 그동안 하지 않았던 집안일도 많이 하는 편이며, 그러다 보니 이웃이나 친척을 돕는 기회도 많다. 어제도 혼자 사는 누나 집에 가서 가구를 수리해주고 왔다. 화요일, 목요일에는 느긋하게 아침을 먹고 집안일을 한 다음 동창이나 혹은 옛 직장동료를 만나 당구를 치며 점심도 사 먹고 차도 마신다. 매주 수요일 저녁에는 모 대학 평생교육원에서 열리는 '자서전 쓰기반'에 참여하며, 한 달 전부터 매주 목요일 오후에는 동창들과 헤이리에 있는 음악감상실에서 모임을 갖는다. 월 2회 정도 부부동반으로 외출하여 외식하거나 혹은 아내의 친구 부부들과 함께 어울린다. 직장에 다닐 때는 업무에 관련된 책을 주로 읽었지만, 요즘은 좀 더 다양한 분야의 책을 읽으며, 조용히 책 읽는 시간이 참 행복하게 느껴진다. 주로 저녁에 책을 읽다가 잠이 드는 경우가 많다.

Mr. A의 시간표는 구조적으로 잘 짜여 있다. 그의 시간표에는 일하고 남을 돕는 시간과 자신의 흥미와 즐거움을 위한 시간이 적절히 조화를 이루고 있다. 그가 일상생활을 완전히 즐긴다는 것은 의심할 여지가 없다. 그에게 은퇴 후란 읽고 생각하고, 일하고, 놀고, 남을 돕는 행위를 통해 자아를 실현하는 시기이다.

• **완숙형** : 나의 하루는 다양한 활동으로 가득하고, 나는 그런 활동을
       통해 인생의 기쁨을 느낀다

Ms. B(63세)는 공무원으로 일하다가 은퇴한 독신 여성이다. 그녀
는 아침에 일어나자마자 음악부터 튼다. 일주일에 하루 정도는 새
벽에 일어나서 음악을 들으며 드라이브를 하는데, 그 시간이 너
무나 행복하다. 드라이브 코스는 그때그때 계절의 변화를 느낄 수
있는 곳을 선택하며, 가능하면 새로 난 길보다는 오래된 옛길을
이용하는 편이다(나도 한 번 그녀의 아침 드라이브에 동행한 적
이 있었다. 드라이브 코스와 음악은 매우 인상적이었다). 점심은
주로 밖에서 먹는데, 친구들이나 옛날 직장동료, 지인 등 다양한
사람들과 미리 약속해서 두루 만난다. 가까운 곳에 사는 자매들과
도 자주 오가며 만나곤 한다. 후배 공무원들이 만나자고 연락하는
경우도 많은데, 만나면 일 얘기도 들어주고, 조언을 원하면 조언
도 해주고, 가능하면 많이 지지해주려고 노력한다. 저녁에는 뒷산
에 올라가거나 산책을 하는데, 요즘에는 황혼 무렵 강변에서 자전
거 타는 맛에 푹 빠져 있다. 1년에 두 번쯤 약간 무리를 해서라도
해외여행을 하며, 더 늦기 전에 아프리카나 남미 같은 곳을 여행
하려고 준비하고 있다. 사실 체력이 좋은 편이 아니어서 여행 다
니기가 힘들기도 하지만, 비타민과 영양제를 챙겨 먹으면서 열심
히 따라다닌다. 남들은 내가 돈을 무척 많이 쓰는 줄 알지만, 평소
에는 돈을 아끼고 절약한다. 같이 퇴직한 남자 동료는 여전히 직

장에 미련이 많고 어디 마땅한 일자리 없나 하고 알아보지만, 일에 대한 미련은 조금도 없다. 30년 넘게 일했으면 충분하다고 생각한다. 아직도 가보고 싶은 곳, 하고 싶은 것이 너무나 많고, 잘 알지 못하는 세계에 대한 호기심도 많아서 그저 시간이 아까울 뿐이다. 내년 계획은 외국에서 1년쯤 살아보는 것이다. 저녁에는 유익한 TV 프로그램을 골라서 시청하며, 책을 보다가 잠이 든다.

Ms. B의 일상은 다양한 활동들로 꽉 차 있고, 이런 활동들을 통해 커다란 기쁨을 느끼고 있다. 그녀는 은퇴 후의 일상을 충분히 만끽하고 있다. 가족과 친구를 포함하여 타인과 활발히 상호작용하며, 필요한 경우에는 적절히 도움을 준다. 그녀는 자신이 좋아하는 것에 몰두하고 사회에 대한 관심과 참여도 적절히 유지하면서 만개한 꽃처럼 완숙한 일상생활을 영위하고 있다.

• **적응형** : 나의 일상에 만족하는 편이다. 하지만 나의 하루 활동은
날씨 등 외부 상황의 영향을 많이 받는다

Mr. C(59세)는 아침에 일어나서 신문을 보고 TV 뉴스도 본다. 아침을 먹고 나서 날씨가 좋고 기분도 좋으면 가까운 산에 오르고, 그렇지 않으면 그냥 집에 있다. 아내가 외출하고 나면 혼자 점심을 차려 먹고, 친구들에게 전화한다. 시간이 맞는 친구가 있으면 당구

를 치거나 기원에 나가 바둑을 둔다. 친구들과 특별히 많은 얘기를 나누는 건 아니지만 그래도 하루 중 가장 즐거운 시간이다. 저녁에는 집에 일찍 들어오며, 아내가 외출에서 돌아오지 않으면 저녁도 준비한다. 저녁 시간에도 TV를 많이 보고, 특히 뉴스는 빼놓지 않고 모두 본다. 책을 보고 싶을 때도 있지만, 눈도 피곤하고 특별히 보고 싶거나 봐야 할 책이 생각나지 않는다. 아내와 아이들은 여행이나 운동, 텃밭 가꾸기 같은 활동적인 일을 하라고 권하지만, 아직 생각만 하고 있다. 워낙 바쁘게 살아서인지 지금의 한가한 생활도 나쁘지 않은 편이다. 현재 생활에 만족하는 편이다.

Mr. C는 생활에 만족하고 있지만, 활동성은 약간 부족하며 날씨나 다른 사람의 상황 등 외부 조건의 영향을 많이 받는다. 그의 하루 시간표는 다양하지 않고, 교류 범위도 넓지 않다. 무엇보다 의미 있는 활동이 부족한 편이다. 그는 스스로 은퇴 후의 생활에 잘 적응하고 있다고 믿고 있지만, 앞으로는 보다 의미 있는 활동에 몰두할 필요가 있다.

• **의존형** : 나의 행복은 가족, 특히 자녀들에게 달려 있다

Ms. D(60세)는 은퇴 후의 해방감을 충분히 만끽하고 있다. 쫓기듯이 살아온 날들에 비하면 행복하다고 생각한다. 아침에 느지막히 일어나 식사를 준비하고, 집안일을 하며, 친구들도 만나고, 사군자

도 배우고 있다. 그런데 일할 때보다, 은퇴 후에 시간이 많아서인지 전보다 자녀들에게 더 간섭하게 되고, 자녀들을 기다린다. 주말에 아이들한테서 연락이 없으면 화가 나고, 울고 싶은 심정이 된다. 그동안 고생하며 키웠는데 이런 대접밖에 받지 못하는 현실이 너무 우울하다. 대단한 걸 바라는 것도 아닌데 그것도 못해주다니, 생각하면 화만 난다. 며느리와 사위에 대해 불만이 많다. 우리 부부가 평생 벌어서 집도 얻어주고 많은 걸 해줬는데, 그들이 다 가로채는 것 같기 때문이다. 그렇다고 이런 얘기를 친구들에게 하기는 싫다. 언제부턴가 친구들을 만나도 자식 때문에 힘든 얘기는 서로 하지도 않고 묻지도 않는다. 남편은 자식들에게 너무 신경 쓰지 말라고 하지만 나도 모르게 자식들에게 집착하게 된다. 남편은 친구들도 만나고 나름 바쁘게 지낸다. 요즘 들어 혼자 있을 때면 쓸쓸하다는 느낌이 자주 든다. 일주일에 한 번 등산을 같이하는 친구도 있는데 그 친구에게 사정이 생기는 날에는 혼자 가기 싫어서 등산을 포기하고 그냥 집에 있다. 특별히 하고 싶은 일도 많지 않다. 아침, 저녁시간에는 TV 드라마를 자주 본다. 드라마에 나오는 가족 갈등이 남의 일 같지 않다.

Ms. D는 정서적으로 자녀들에게 강하게 의존하고 있다. 즉 자녀가 삶의 가치를 좌우한다. 자녀들이 전화하고 찾아오는 것을 기다리며, 그런 만남을 통해서만 고독감이 줄어든다. 한마디로 그녀에게 일상의 행복은 타인에게 달려 있는 것이다.

• **체념적 수용형** : 나는 현재 상황을 받아들이려고 노력하고 있지만,
나의 하루는 지루할 뿐이다

Mr. E(62세)는 아침에 일어나면서부터 TV를 켠다. 뭔가 새로운 뉴스가 있는지 궁금해서라기보다는 그저 습관적으로 켜는 경우가 많다. 아내가 차려주는 아침을 먹고 나면 오늘은 또 어떻게 하루를 보내야 할지 막막한 느낌이 든다. 컴퓨터를 켜고 무슨 아르바이트할 자리라도 없는지 찾아본다. 그러나 마땅한 일자리는 눈에 띄지 않는다. 마음에 드는 일자리에는 연령제한이 있거나 전문적인 기술이 필요하기 때문이다. 요즘에는 젊은이들도 취업하기 어려운데 자신은 정년까지 일했으니 그래도 다행이라고 생각하면서 마음을 편히 가지려고 노력한다. 그러나 회사 다닐 때에 비해 생활이 너무 지루하다. 만날 사람도 많지 않고, 갈 곳도 없기 때문이다. 평일에 일하러 나가는 사람들이 너무나 부럽게 느껴진다. 매일 갈 곳이 있었으면 좋겠다. 자영업을 하는 친구 가게에라도 나갈까 생각 중인데, 그 친구가 어떻게 받아들일지는 의문이다. 최근 집 근처에 노인종합복지관이 생겨서 몇 번 가봤지만, 거기 가서 노인들만 만나다 보면 왠지 모르게 더 우울해진다. 나중에 더 나이 들면 가볼까 한다. 아내는 외출도 잘 하지 않는 나를 불편하게 생각하는 것 같다. 어떻게든 일을 만들어서 밖으로 돈다. 그래서 집에 혼자 있는 경우가 많은데, 안 그러려고 해도 자꾸 옛날 생각이 나고, 그때가 좋았다는 느낌이 든다. 다시 옛날로 돌아가고

싶다. 저녁에는 혼자서 집 근처를 산책하고 나서, TV 뉴스를 보고 일찍 자려고 한다. 하지만 잠이 잘 오지 않는다. 낮에는 졸고 밤에는 잠들지 못하는 그런 나날이 반복되고 있다.

Mr. E는 현재의 생활을 받아들이려고 노력하지만, 과거와 잃어버린 것들에 대한 생각으로 가득 차 있다. 일상에 대해 소극적이고 체념하는 태도를 보이고 있다. 그가 밤에 잠들기 어려운 이유는 정신을 집중하게 할 만한 활동이 없기 때문이다. 구조화된 시간표를 가지도록 노력하고, 즐겁고 의미 있는 활동에 전념해야 한다.

• 절망형: 나의 하루는 너무 길고, 전혀 즐겁지 않다

Mr. F(58세)는 새벽에 자주 잠이 깬다. 더 자고 싶지만 잠이 오지 않는다. 창밖에 동이 터오는 걸 보면 오늘 하루를 어떻게 보내나 하는 생각에 우울해진다. 그냥 이대로 죽고 싶은 생각이 들 때도 있다. 전에는 몸이 무척 건강했다. 건강을 과신한 나머지 철봉에 거꾸로 매달리는 동작을 하다가 뇌혈관이 터진 이후로 건강에 자신이 없어졌다. 그런데 치료를 받아서 아무 문제가 없는데도 자꾸 우울해진다. 밖으로 나가기가 싫고, 날씨라도 안 좋으면 더 꼼짝하기가 싫다. 친구들이 전화해서 자꾸 나오라고 하면 그제야 마지못해 외출한다. 하지만 막상 만나도 할 얘기가 없고, 술 마시는 것

도 시큰둥하고, 매사에 재미가 없다. 직장 다닐 때는 책을 자주 읽었다. 하지만 요즘에는 책을 읽으려고 해도 의욕이 나지 않는다. 읽어봤자 쓸 데도 없고, 이런 책 읽었다고 으스대며 어디 가서 자랑할 곳도 없기 때문이다. 저녁에 TV를 자주 보게 되는데 젊은이들이 나와 자기들끼리 노는 모습을 보면 화가 난다. 아들들이 가끔 찾아오지만 돈 얘기만 한다. 자식 키워봤자 다 헛것이라는 생각이 든다. 아내도 밖으로만 돌고, 그렇다고 나가지 말라고 할 수도 없고, 모든 것이 허무하다. 요즘 들어 종일 흔들의자에만 앉아서 보내는 시간이 늘고 있다. 그럴 때는 예전에 직장 다니던 시절이 그리워지고, 직장동료와 부하들을 만나고 싶은 생각이 든다. 하지만 이렇게 초라한 모습을 보이고 싶은 마음은 추호도 없다. 그래서 어떤 모임에도 나가지 않는다.

Mr. F는 건강 등 객관적인 상황이 나쁘지 않은데도 불구하고 은퇴 후의 일상생활 적응에 어려움을 느끼며 무력감에 빠져 있다. 그의 하루 시간표는 구조화되어 있지 않고, 무엇보다도 놀이 활동이 빈약하며, 타인에게 비치는 자신의 부정적인 모습을 강하게 의식한다. 그는 절망에 빠져 있다.

사회학자 애칠리R.C. Atchley는 은퇴 후의 적응단계를 밀월단계, 안정단계, 휴식단계, 환멸단계, 재지향단계, 일상화단계 등으로 구분했다. 즉 일로부터의 해방감에 도취하는 시기가 있는가 하면, 은퇴생활에 대한 환상에서 벗어나 실망하거나 우울해지는 시기도 있고, 현실 인식을 통해 일상을 재구성하려는 노력도 하면서 종국에는 일상화단계로 접어든다는 것이다.

위에서 인용한 은퇴자들도, 이들이 현재 어떤 단계에 처해 있느냐에 따라서 얼마든지 다른 유형으로 분류될 수 있다. 예를 들면, 위에서 자아실현형으로 분류된 Mr. A도 은퇴 직후에는 더 일할 수도 있었는데 너무 빨리 퇴직당한 것이 아닌가 하는 아쉬움 때문에 한 6개월 동안 마음을 잡지 못했다고 한다. 허망함과 분노를 삭이고자 그 6개월 동안 매일 운동에만 몰두했다는 것이다. 그런 세월을 보낸 후에야 현실을 받아들이고, 삶을 재구성하기로 했으며, 적극적으로 하루 시간표를 구조화하려고 노력하게 되었다고 한다.

따라서 나는 절망형, 체념적 수용형, 의존형의 일상생활을 하는 것으로 분류된 Mr. F, Mr. E, Ms. D도 얼마든지 변화 가능성이 있으며, 언제든지 다른 유형의 생활을 선택할 수 있음을 강조하고 싶다.

그러나 Mr. A나 Ms. B의 일상생활을 들여다볼수록 은퇴 후에 즐겁고 의미 있는 일상을 스스로 선택할 필요가 있다는 것을 깨닫는다. 또한, 이들을 통해서 은퇴 후의 시간도 은퇴 전만큼, 아니 어떤 면에서는 은퇴 전보다도 훨씬 더 소중하고 값지고 재미있다는 것도 느낄 수 있을 것이다.

어렸을 때, 시간표 만드는 데 시간을 들이느라 막상 공부할 시간은 모자랐던 기억이 난다. 방학 동안의 시간표 만들기는 더 어려웠다. 이제, 또 하나의 시간표가 필요한 시점이 다가오고 있다. 이번 방학은 생각보다 길 전망이다. 그러므로 좀 덜 엄격하되 더욱더 즐겁고, 긴장감 있고, 소중하고, 의미 있는 일들로 가득 찬 시간표를 만들어야겠다고 결심해 본다. 더 많이 읽고 더 많이 생각하는 시간을 가져야겠다. 지금까지 나와 가족만을 생각하며 살았으니 남을 돕는 시간도 늘려야겠다.

• 은퇴 후 당신이 맞이할 일상은 어떨까?
살아가면서 하지 못했던 무궁무진한 일들을 계획적으로 해보자!
단, 그것이 의무적인 것이 아니라 자율적이어야 한다는 것을 명심하자

인생의 어느 때라도 배우고 일하고 즐길 수 있어야 한다

지금까지 우리는 일, 여가, 교육을 명확하게 구분 짓는 사회에서 살아왔다. 그러나 이제는 나이에 따라 생활을 구분 짓는 경계가 사라지고 있다. 나이와는 상관없이 평생 다양한 일들을 경험하고 배워보자. 배워서 손해 볼 것 없지 않은가? 자신에게 주어진 임무를 유연하게 통합하는 삶이 얼마나 균형감 있고 인간적인 리듬을 가지고 있는지, 얼마나 행복할 수 있는지 몸소 체험해보자!

우리는 그동안 교육과 일, 여가 생활을 나이와 장소에 따라 명확하게 구분 짓는 패러다임 아래 살아왔다. 다시 말하면 교육은 대학 졸업 때까지(20대 중반) 학교에서 받는 것이고, 일은 대학 졸업 직후부터 은퇴할 때까지(20대 중반부터 정년까지) 일터에서 하는 것이며, 은퇴한 후에는 모든 부자유로부터 해방되어 실컷 여가 생활을 즐긴다는 것이다.

하지만 인생의 시간과 공간을 이런 식으로 구분하는 건 부자연스럽기 짝이 없는 발상이고, 무엇보다도 평균수명이 60~70세쯤 되던 시대의 얘기다. '100세 시대'를 앞둔 지금, 삶의 패러다임은 완전히 달라져야 한다.

❖ 모든 것을 나이로 한정하지 말자

《은퇴혁명》의 저자 미치 앤서니M. Anthony가 주장한 것처럼, 우리는 일, 교육, 여가라는 경직된 구분에서 벗어나야 한다. 우선 교육을 대학 졸업 때까지로 한정하지 말아야 한다. 평생 배울 수 있고 또 배워야 한다. 내 친구들은 새로운 일이 필요한 시점에서, 혹은 일을 바꿔야 한다고 생각할 때마다 학교로 달려가고, 전공을 바꾸기도 했다. 물론 학교에서만 배우는 것도 아니다. 어디서나 누구한테서나 배울 수 있다. 일일이 다른 사람으로부터 배우지 않아도 되는, 혼자 하는 '독서'의 필요성 또한 커질 것이다. 은퇴 후도 물론 마찬가지이다.

일은 더하다. 미래학자들은 지금 대학에 다니는 학생들은 평생 직업을 적어도 대여섯 차례 바꾸며 살게 될 것으로 예측한다. 같은 업종의 다른 회사를 전전하게 된다는 의미가 아니다. 회사에서 경리직원으로 일하다가 사회복지사로 전직하고, 요리사로도 일하며, 시민운동가로 일하다가 공무원이 되거나 노인복지관에서 근무하는 등 다양한 분야에서 다양한 일을 하게 된다는 것이다. 이렇게 되면, 정규직과 비정규직의 구분도 큰 의미가 없어질 것이고, 정년의 의미도 크게 퇴색될 것이다.

사실 평생 한 직장이나 한 업종에서 근무하면서 한 가지 일만 하던 시대는 이미 지나갔다. 은퇴 후도 마찬가지다. 은퇴 후 수십 년을 다양한 일을 하며 보낼 수 있을 것이다. 직장에서 월급을 받으면서 하는 '벌이'로서의 일뿐 아니라 '놀이'로서의 일, 다양한 집안일, 남을 돕는 일 등……. 수도 없이 많은 일이 존재한다. 그리고 모든 일은 다 나름대로 중요하고 생산적이다. 놀이나 여가 시간도 정해져 있지 않다. 일과 여가라는 이분법적인 시간 개념은 무너지고 있다. 이제 사람들은 여행과 여가 생활을 은퇴 이후로 미루지 않는다. 일하는 틈틈이 즐기려고 노력하며, 은퇴 후에도 생산적으로 일하고 싶어한다.

그래서 앤서니는 인생을 교육받는 기간, 근로기간과 은퇴기간으로 구분해서 교육과 일, 여가생활을 따로따로 하는 것은 건강한 삶이 아니라고 강조한다. 인생의 어떤 기간에라도 배우고, 일하고, 또 놀 수 있어야 한다는 것이다.

실제로 미국 은퇴자 중에는 젊은이들과 어울려 공부하는 걸 즐기는 사람들이 참 많은 것 같다. 은퇴한 후에 대학도시로 이사 가는 사람들도 상당히 많다. 최근에는 미국 대학들도 이런저런 이유로 노인을 청강생으로 받아들인다는 뉴스를 보았다. 한 가지 재밌는 건 나이 많은 청강생에게도 등록금에 상응하는 여러 가지 혜택을 주지만, 수업 중 질문만은 사절한다는 규칙을 적용하는 것이다. 이들의 질문이 끝없이 집요하게 이어지는 바람에 수업 진도를 나갈 수 없기 때문이란다. 비단 공부만이 아니다. 미국 사람들은 은퇴한 후에도 활발하게 일하는 것으로 유명하다. 아예 은퇴를 안 하고 일하는 사람들도 점점 늘고 있지만, 꼭 돈 버는 일이 아니더라도 은퇴한 후에 동네 구석구석에서 다양한 봉사활동에 참여하는 노인들을 자주 만날 수 있다.

⁜ 일, 교육, 여가를 통합하는 균형적인 삶

오래전에 미국 일리노이주의 노동부 장관을 역임한 전신애 씨의 자서전 《뚝심좋은 마산 색시 미국장관 10년 해보니》를 읽었다. 나는 이 책에서 일과 교육, 놀이, 육아와 가사노동, 휴식이 통합된 삶의 전형을 살펴볼 수 있었고, 그런 삶이 가능한 미국사회가 참 부러웠다.

1943년생인 전신애 씨는 대학을 졸업한 직후인 1965년에 남편을 따라 미국으로 이민했다. 그러나 결혼하자마자 폐결핵에 걸리는 바람에

결핵요양원에 들어간 전 씨는 병원에서 계획도 없이 아이들만 낳는 흑인들의 생활, 교육문제, 정부가 책임져야 하는 사회복지제도, 소수민족을 업신여기고 우월감에 도취해 있는 무지한 백인사회 등 미국의 현실을 경험한다. 이후 건강이 회복되자 주일학교 교사, 여선교회 회장을 하면서 바자회를 준비하고, 배추를 사서 김치를 담가 팔기도 했다.

그러나 전 씨의 남편은 미국에서 살려면 미국 생활과 풍습을 배워야 하는데, 가장 좋은 방법은 학교에 가는 것이라며 더 공부하라고 권유했다. 그녀는 한국에서 대학을 졸업했으면 됐지, 왜 공부를 더 해야 하느냐고 반발하면서도 임신 4개월째였던 몸으로 대학원에 진학한다. 2년에 걸쳐 석사 학위를 따는 동안 둘째도 임신했다.

하지만 큰 야심도 없이 시작해 얻은 석사 학위는 소수민족 출신의 이민 1세대인 전 씨가 미국 주류사회에 뛰어들었을 때 절대적인 힘이 되었다. 그녀는 대학원 과정을 통해 미국 사회를 배웠을 뿐 아니라 자기 힘으로 일어서려는 사람을 기꺼이 돕고 응원하는 좋은 사람들을 많이 만났다. 대학원생을 위해 새로 지은 아파트에 살면서 대학 주택위원회 위원으로 선임되어, 애들한테 걸핏하면 소리를 지르며 윽박지르는 이웃 남자를 추방하기도 했다. 그녀는 이 일이 인권문제를 처리한 최초의 일이었다고 회고한다.

석사 학위를 받은 후, 전 씨는 아이 둘을 데리고 일할 수도 없지만, 아이들이 학교에 들어가기 전까지라도 같이 놀아주고 함께하고 싶어서 집에서 아이 키우는 일에만 전념한다. 그러면서 처지가 비슷한 주부들과 함께 아이들을 한차에 태우고 동물원, 박물관, 과학관, 도서관 등을 두루 돌아다녔다. 그리고는 수도 시설이 없어서 샘물을 쓰는 조그만 전원 마을의 숲 속에 있는 집으로 이사해서 농부의 아내처럼 살았다. 그리고 동네에서 만난 미국인 친구들과 함께 놀면서 아이 봐주기 클럽도 결성하고, 놀이터를 차리기도 했다. 크리스마스엔 40명이 큰 트럭을 타고 집집이 찾아가 캐럴을 불러주는 등 '리버우드'라는 평화로운 시골 동네에서 일어나는 크고 작은 일에 적극적으로 참여했다.

큰아이가 초등학교에 입학하고 둘째는 유치원에 들어갔을 때, 전 씨는 일해야겠다고 결심한다. 부모가 옆에서 지나치게 돌봐주면 아이들의 주체성 발전에도 도움이 되지 않는다고 생각한 것이다. 그래서 아이들의 학교가 개학하는 그날부터 일자리를 찾아 나섰고, 동네 이웃을 통해 집에서 30분 정도 걸리는 곳에 있는 '이중언어교육센터'에서 사람을 찾는다는 정보를 듣는다. 그리고 바로 지원하여 채용되었고, 그곳에서 그녀는 언어와 문화 배경이 다른 학생들, 특히 아시아 학생들이 더 적절하고 효과적인 교육을 받을 수 있도록 일했다. 남들이 놀 때도 열심히 일한 덕분에 연구소의 자금 사정이 나빠진 후에도 그녀는 남을 수 있었고, 컨설턴트로 승진도 했다. 그리고 새로 생긴 '난민교육재료연구센터'의 소장이 되었다. 1980년부터는 대학 내 복합문화연수원장으로 일하기도 했다.

그리고 동양계 지도자들과 손잡을 기회를 찾고 있던 일리노이주 주지사실의 주목을 받아 미국에 간 지 19년째 되는 41세에, 미국 주 정부 아시아계 주지사 특별보좌관에 임명된다. 그녀는 미국에 사는 소수민족의 이익을 대변하기 위해 공직자의 길을 걷게 되었다고 한다. 그 후 일리노이주 주 정부 사상 최초의 동양계 각료로 노동부 장관직으로 오르고, 아시안 아메리칸 자문위원장 등으로 활동했으며, 부시 행정부 출범 이후 노동부 여성국장(차관보급)에 임명되어 여성인력 교육업무를 담당하는 등 화려한 경력을 가지고 있다.

전 씨의 책 내용을 길게 소개한 이유는 소수민족 출신의 이민 1세가 미국의 주류사회에서 얼마나 대단한 성공을 이루었는가에 대해 전하려는 것이 아니다. 그녀의 책을 읽으면서 인상적이었던 것은 그녀의 인생이 생각보다 다채로웠다는 점이다. 대학 때부터 고시 공부를 하고, 고시에 합격한 후 열심히 일하느라 집안일이나 육아는 뒷전으로 미뤄둬야 했던, 그래서 '가족에게 항상 미안하다'는 식의 삭막한 성공 이야기가 아니었기 때문이다.

그녀는 육아에만 전념하던 시절, 그리고 평화로운 전원마을에 살면서 동네 사람들과 신나게 놀러다닌 얘기에도 지면을 많이 할애했다. 그리고 미국에 가자마자 결핵요양원에 들어가서 겪었던 미국 사회의 어두운 단면, 지역사회에서 보고 느낀 것들, 소수민족 학생들을 위해 일한 경험 등이 나중에 고위 공무원 역할을 하는 데 중요한 밑거름이 되었음을 진솔하게 이야기한다.

동시에 전 씨의 사례는 일, 교육, 여가, 육아와 가사노동, 휴식을 유연하게 통합하는 삶이 얼마나 균형감 있고 인간적인 리듬을 가지는지 깨닫게 해준다. 또한, 남자들보다 여자들이 일, 여가, 가사노동, 육아, 간

병, 휴식이라는 다중적 시공간적 개념 속에서 삶을 새로운 방식으로 이해하고 창의성을 발휘할 가능성이 더 크다는 점도 시사하고 있다.

100세 시대를 앞둔 지금, 가장 시급한 건 남녀를 불문하고, 나이를 불문하고 교육과 일, 여가 생활을 구분 짓는 경직된 패러다임에서 벗어나는 일이다. 인생의 어느 때라도 배우고 일하며 즐길 수 있고, 또 그래야 한다. 바람직한 인생은 이러한 여러 가지 요소들을 일상생활에서 균형 있게 실행하는 삶이다. 항상 꾸준히, 새로운 것이 필요할 때 마다 공부하고, 도전의식을 가지며, 성취감을 안겨주는 일을 하면서, 돌봄의 가치도 인정하고 즐기면서, 동시에 놀이에도 몰두하는 삶이 가장 훌륭하고도 행복한 삶이 아니겠는가.

• 배움의 길은 끝이 없다. 끊임없이 생각하고 자기 계발을 게을리하지 마라!
모르는 것들을 알아가면서 인생을 즐기는 소소한 재미에 빠져들 수 있을 것이다

창조적인 베이비붐
세대가 사는 법

은퇴를 앞둔 베이비붐 세대가 하는 가장 큰 고민은 '어떻게 하면 삶 속에서 내가 좋아하는 일을 할 수 있을까?'이다. 돈 때문에 어쩔 수 없이 하는 일과 자신이 원하는 마음속의 일은 늘 다르기 때문이다. 오랫동안 익혀온 일을 송두리째 버릴 수 없기에 새로운 일에 대한 결심이 쉽지만은 않다. 여기 행복한 일상을 위해 어려운 결심을 한 이들이 있다. 돈과 일, 삶과 꿈이 만나는 행복한 일상! 그들의 용기에 박수를 보내며 많은 베이비붐 세대가 힘을 얻길 바란다

근대적 삶에서 일과 돈은 매우 중요한 현실 문제다. 우리는 살기 위해서 돈을 벌고, 돈 때문에 일한다. 문제는 일과 돈에 파묻히다 보면 정작 가장 중요한 삶과 꿈을 잃기 쉽다는 점이다. 그래서 우리는 돈과 일, 돈과 삶, 일과 삶, 삶과 꿈의 관계를 어떻게 맺을까 끊임없이 고민한다. 하지만 일도 마음에 들고 돈도 벌며, 그래서 사는 게 행복하다고 말하는 사람은 많지 않다. 대다수 사람들은 돈과 일, 돈과 삶, 일과 삶, 그리고 삶과 꿈을 양자택일의 문제로 인식한다. 즉 일의 내용은 마음에 들지 않지만 '돈 때문에 할 수 없이 일한다, 돈 때문에 내 삶과 꿈의 일정 부분을 포기해야 한다, 혹은 살기 위해서 억지로 일한다'고 말하는 사람들이 많다.

나도 예외는 아니다. 좋아하는 일을 하면서 돈도 많이 벌고, 그러면서도 내가 바라던 삶을 살고 꿈을 이루는 것은 동화 속에서나 가능한 일처럼 비현실적이고 아득하게 느껴질 뿐이다.

그런데 베이비붐 세대에 속하는 만화가 이은홍, 어린이 책 작가 신혜원 부부, 그리고 이상희 시인을 만나면서 돈과 일, 그리고 삶과 꿈이 행복하게 만날 수 있는 인생도 있다는 걸 깨달았다. 나의 상상력과 실천력이 얼마나 빈약한지도 새삼 깨달았다. 처음에 이들을 만났을 때, 나는 50고개를 막 넘었고, 이들은 모두 40대였다. 나는 요즘 젊은 사람들(?)은 참 똑똑하구나 하고 감탄했고, 이들로부터 많은 것을 배웠다. 이들은 하나같이 돈과 일에 대한 건강한 통찰력 그리고 삶과 꿈을 창조적으로 관리하는 능력을 갖추고 있었다.

❖ 돈과 일이 행복하게 만나는 삶
-이은홍, 신혜원 부부

만화가인 이은홍, 어린이 책 작가인 신혜원 부부를 처음 만난 때는 2004년 6월이었다. 밤새도록 천둥 번개와 함께 장대비가 내린 다음 날 몇 번이나 길을 물어가며 이들 부부가 사는 충북 제천시 덕산면 신현리로 찾아갔다. 이들이 살고 있는 곳은 생각보다도 훨씬 멀고 깊은 산골 농촌이었다. 그나마 전날 밤과는 달리 날씨가 좋아서 다행이었다.

신현리에 도착했을 때, 여느 농촌지역이 그러하듯이 동네에는 노인들만이 눈에 띄었다. 호기심에 찬 표정으로 어디 찾아왔느냐고 묻는 할아버지에게 이은홍 씨 집이 어디냐고 물었을 때, 할아버지는 '내 그럴 줄 알았지' 하는 표정으로 '저기'라는 손짓을 보내셨다. 상당히 호의적인 태도였다.

당시 각각 45세, 40세이었던 이은홍, 신혜원 부부는 도시적이고 나이보다도 젊어 보이는 외모와는 달리, 예상보다 훨씬 소박한 집에서 살고 있었다. 대지는 678평이나 되었지만 들어가자마자 눈에 띄는 건 넓은 텃밭과 조그만 집 한 채, 그리고 집 앞에 놓인 나무 탁자와 의자 정도였다. 나중에 보니 대문 옆쪽으로 조그만 집 한 채가 또 있었는데, 이곳은 손님이 오면 자는 집이었다. 그들은 나중에 여기에 동네 아이들과 어른들이 이용할 수 있도록 작은 도서관을 만들고 싶다고 했다.

그때는 이들 부부가 일산의 아파트를 전세 주고 이사한 지 한 달 반 정도밖에 되지 않았다. 하지만 신혜원 씨는 젊을수록 시골에서 조용히 살아야 한다고 20대때부터 주장해왔다고 한다. 전북 부안 출신인 이 씨보다도 서울에서 나고 자란 신 씨가 더 적극적으로 시골에서의 삶을 추구한 데에는 아버지의 영향이 컸다고 한다. 신 씨의 아버지는 텃밭을 즐겨 가꾸셨고, 당시 부잣집 목욕탕에나 있던 욕조를 직접 만들어주기도 했다.

하지만 각각 만화가와 어린이책 작가로 일하고 있고, 중학교에 들어간 아들 하나를 두고 있던 이들이 서울 생활을 접고 깊은 산골 마을에 정착하기까지에는 돈과 일, 그리고 바람직한 삶에 대해 깊이 성찰하는 과정이 있었다. 시행착오도 있었고, 그로 말미암은 깨달음과 희생도 있었다.

이은홍 씨는 한때 운동권 만화가로 불렸고, 신혜원 씨도 의식 있는 어린이책 작가였다. 하지만 어느 때부터인가 이씨는 '운동권 만화' 그리는 일을 접기 시작했고, 주로 돈 되는 일을 하려고 애쓰는 자신을 발견했다. 항상 부족한 생활비뿐 아니라 집 문제도 그런 변화에 영향을 주었다. 이들 부부는 결혼 후 계속 전세아파트에서 살았는데, 처음에는 2년마다 집을 옮겨야 한다는 사실조차 몰라서 당황스러웠다고 한다. 집주인이 시도 때도 없이 전화해서 집주인이라는 걸 내세우는 것도 이상했다.

"집에 사는 우리가 왜 집주인이 될 수 없을까? 살지도 않는 사람이 왜 집주인일까? 하는 생각을 많이 했었어요."

아무튼, 집세도 내야 하고, 아이도 키워야 했기 때문에 이들은 돈을 벌려고 열심히 노력했다. 덕분에, 금융위기가 왔던 1998년 이전에는 부부 합산 월수입이 3백만 원에서 6백만 원까지 올라갔고, 많이 벌 때는 천만 원이 넘은 적도 있었다. 덕분에 일산에 아파트도 장만할 수 있었다. 비록 8천만 원이나 융자받는 바람에 매월 45만 원씩 이자를 내야 했지만 말이다.

그런데 일도 잘되고 돈도 잘 벌던 어느 날, 문득 돈은 많이 벌어서 무엇하나 하는 회의감이 밀려왔다고 한다. 돈 벌면 그만큼 쓸 궁리도 해야 했다. 그리고 주로 돈 되는 일만 하는 자신들이 과연 옳게 사는 것인지 의문도 생겼다. 돈을 좀 덜 벌어도 정말 하고 싶은 일, 보다 의미 있는 일을 하면서 살 수는 없을까?

마침, 이들에게 인생의 새로운 계기를 만들어준 일이 하나 생겼다. 평소에 텃밭을 가꾸고 싶어 하던 신혜원 씨가 5년 동안 일산 근처에서 주말농장을 40~50평 경작했던 경험을 살려 펴낸 《어진이의 농장일기》라는 책이 아주 좋은 반응을 얻었던 것이다. 2000년도의 일이다. 신 씨는 자신이 잘 알고 있는 것, 그리고 쓰고 싶은 내용으로 책을 쓰면서도 밥 먹고 살아갈 수 있겠다는 자신감을 갖게 되었다. 그리고 주말농장을 경작해본 경험은 농촌생활에 엄두를 내지 못했던 이은홍 씨에게도 자신감을 심어줬다.

하지만 하고 싶은 일만 하고, 쓰고 싶은 책만 펴내려면 높은 수입을 포기해야 했다. 이들은 오래 고민했다. 그리고 마침내, 돈을 포기하는 한이 있어도 하고 싶은 일을 하는 삶은 포기할 수 없다는 결론에 도달했다. 결국, 당시 시골로 이사하기 2~3년 전에는 월 백만 원도 되지 못하는 수입으로 생활해야 할 정도로 경제사정이 나빠졌다. 매달 내야 하는 아파트 융자금 이자도 부담스러웠다.

그러나 예전 생활로 다시 돌아가고 싶지는 않았다. 결단이 필요했다. 그래서 일산아파트를 전세 주고, 8천만 원의 은행 융자금을 갚고, 5천 2백만 원으로 시골의 집과 땅을 샀다. 그러고도 2천만 원이 남았다고 한다.

이들이 이사를 감행한 이유는 또 있었다. 도시의 아파트 생활이 너무 싫었다고 말한다. 여느 신세대 부부처럼 한강 변에서 인라인스케이트도 타고 자전거도 타면서 운동하러 다녔지만, 운동마저도 일종의 업무처럼, 마치 직장에 출근하듯 가는 사람들이 불쌍하다는 느낌을 떨쳐버릴 수 없었다. 한편으론 '몸짱'이 되고 싶다는 묘한 욕심이 들기도 했지만, 지나치게 몸매에 신경을 쓰는 자신들이 한심하게 느껴지기도 했다.

"운동보다는 노동하면서 사는 삶이 필요하다고 생각했어요."

게다가 부부가 모두 사교적인데도, 아파트에 살 때는 이상하게 사람이 싫었다. 특히 신 씨는 밖에 나가려면 차려입어야 하고, '미스코리아처럼' 웃어야 하는 생활이 싫었다고 말한다. 어떤 때는 밖에 나가기 싫어서 일주일간 집에서만 일한 적도 있고, 낮에 혼자 있을 때 누가 벨이라도 누르면 무섭기도 하고 만나고 싶지도 않아서 인기척을 내지 않으려고 조심하기도 했다. 이러다 자폐증 걸리는 건 아닐까 하는 걱정이 들 정도였다. 아래층에 방해될까 봐 의자를 마음대로 끌 수도 없는 그런 부자유스러운 생활도 싫었다.

그렇다면 이들이 충북 제천시에 있는 농촌마을을 선택한 이유는 무엇이었을까? 결정적인 계기는 아들의 중학교 입학이었다. 워낙 술을 좋아하다 보니 밤늦게 다닐 기회가 많았던 이은홍 씨는 아이들이 한밤중에 나다니는 환경에서 아들을 키우고 싶지 않았다. 이건 완전히 아동학대가 아닌가 하는 생각을 많이 했다고 한다. 최소한 본인이 자랄 때 놀았던 만큼 아이를 즐길 수 있는 환경에서 키워야겠다고 결심했다. 그래서 이들이 선택한 학교가 충북 제천시에 있는 대안학교, '간디 중학교'였다. 아들은 기숙사 생활을 하지만, 최소한 중학교 때까지만이라도 가까운 곳에서 살아야겠다고 마음먹고 간디 중학교가 가까운 이곳으로 집을 보러 다녔다고 한다.

그때 부부의 눈에 들었던 이 집에 둥지를 틀고 300평의 밭에 감자, 오이, 콩 등을 심었지만, 이들에겐 땅이 너무 넓었다. 그래서 대강 한편에만 감자 등 몇 가지를 심고는 그냥 놔뒀더니 주로 노인인 동네 분들이 땅이 아깝다며 와서 도와주신다. 보통 농촌에 가서 살면 텃세가 있다고 하는데 이들 부부는 집을 새로 짓지도 않고, 장사하는 것도 아니고, 경쟁상대도 아니니까 동네 사람들이 무조건 잘해준다고 한다. 하기야 농촌을 버리고 서울로, 도시로 떠나는 젊은이들이 수두룩한 마당에 도시에서 살다 온 젊은 부부가 도배장판만 새로 한 집에서 소박하고 수수하게, 티 안 내고 사는 모습이 어찌 예쁘지 않겠는가?

어쨌거나 이들 부부는 보기 드물게 행복한 얼굴이었고 부부 사이도 매우 좋아 보였다. 이사 온 후 매일 왜 진작 오지 않았나 하고 후회했다고 한다. 원래 못 하나 박지 못하고 보일러도 켤 줄 몰랐던 이 씨인지라,

5월인데도 추워서 이불을 뒤집어쓰고 자야 하는 날이 많았지만, 다음 날 아침에 일어나 밖을 내다보면 너무나 신기했다는 것이다. 작업실 창문으로 보이는 산과 들, 확 트인 풍경이 너무도 좋았기 때문이다.

"창밖으로 보이는 산, 들까지 합치면 수천 평, 수만 평의 대지를 지니고 사는 느낌이에요."

실제로 이 씨는 이곳 생활을 궁금해하는 친구나 친지들에게 미안할 정도로 행복하다고 말한다. 행복한 이유. 첫째, 여유가 있어서인지 마음이 착해지는 것 같다. 둘째, 독촉받지 않고 사는 생활이 좋다. 돈과 일에 대한 조바심도 없어졌다. 아직은 처음이라 씨앗도 사고, 모종도 사야 하는 등 돈이 드는 편이지만 우선 술값으로 지출하는 돈보다 적게 들고, 융자금 이자도 안 나가고, 생활비도 적게 들고, 아무래도 씀씀이가 작아져 카드빚에 대한 부담도 줄었다. 일에 대해서도 마찬가지이다. 아직은 집안일, 밭일하느라고 만화 그리는 일이나 어린이책 쓰는 일을 많이 못하고 있지만 조금 지나면 일이 더 잘될 것으로 확신한다. 셋째, 아파트의 삶에서 벗어나 행복하다. 아들이 중학교 다닐 때까지만 가까이 살고 고등학교에 들어가면 본인이 선택하도록 하겠지만, 부부 중 누가 아플 때까지는 계속 이와 비슷한 곳에서 살 예정이라고 했다.

이들 부부는 매일 출퇴근해야 하는 사람들은 몰라도 자기들처럼 출퇴근하지 않고 일하는 사람들은 이런 지역에 와서 살 것을 적극적으로 권했다. 신혜원 씨는 내게 이렇게 이야기한다.

"농촌에 농민만 살라는 법 있나요? 그것도 고정관념 아닐까요?"

이은홍, 신혜원 부부는 진정으로 좋아하는 일을 하며 행복한 삶을 살기 위해 높은 수입을 과감히 포기하고 생활비가 덜 드는 곳으로 이사하는 결단을 내린 경우다. 체면치레나 주변의 시선으로부터 자유로운 건 기본이다. 이들은 좋아하는 일을 할 수 있도록 인생행로를 새롭게 설정하고 그에 필요한 돈에 대한 생각을 정립하며 실행할 수 있는 의지와 실천력을 갖고 있다. 이제 이들에게 돈과 일, 일과 삶, 돈과 삶은 더 이상 서로 충돌하지 않는다. 이들은 일과 돈, 삶이 행복하게 만나는 지점에서 살고 있다.

❖ 돈 없이도 꿈을 이룰 수 있다
─〈패랭이꽃 그림책 버스〉의 운영자, 이상희 시인

이상희 시인은 1960년 부산에서 태어났다. 그녀는 자신을 내향적이고 우울질이며, 나서는 걸 극도로 싫어하는 사람이었다고 소개한다. 시 한 편도 쓰려면 시간이 많이 필요했다고 한다. 그런데 어린이 그림책을 100권 정도 번역하고 직접 그림책 글을 쓰기도 하면서, 그리고 무엇보다 자신이 아이들에게 그림책 읽어주는 일을 좋아한다는 것을 알게 되면서 많은 변화가 찾아왔다. 무엇보다도 우울하던 성격이 많이 밝아졌고, 꿈을 갖게 되었다. 즉 좀 더 많은 아이가 이 멋진 예술품(그녀는 그림책이 얼마나 멋지면서도 저렴한 예술품인지를 누누이 강조했다)을 누릴 수 있도록 '그림책 버스'를 만들고 싶다는 것이 꿈이 된 것이다.

이상희 시인은 백일몽을 꾸듯 상상했다고 한다. 너무 낡아서 사람을 태워 나르기 어려운 버스를 하나 구하고, 안면 있는 화가들한테 부탁해서 버스 외부를 멋지게 칠하고 내부도 잘 닦은 후 양쪽 창가에 서가를 설치해 그동안 모아 놓은 그림책을 꽂고, 중간 통로는 계단식 마루 내지는 그냥 평면 마루를 깔아서 아이들이 편하게 앉을 수 있게 하는 장면을 말이다.

그녀가 자신의 꿈을 입 밖으로 꺼내어 말하고 소문을 내기 시작한 것은 건강상의 문제와 경제적인 어려움 때문에 서울에서 다니던 출판사를 그만두고 원주로 이사하면서부터였다. 공기 좋고 조용하기는 하지만 문화적으로는 상대적으로 열세를 면치 못하는 지방 소도시야말로 책 읽는 분위기가 필요한 곳이라고 생각했고, 그래서 그녀는 한적한 집 근처 작은 공원 한쪽에다가 그림책 버스를 두면 좋겠다는 생각을 더 자주 하게 되었다.

그리고 꿈을 실현하기 위해 지역 독서운동가인 L선생을 비롯해서 수많은 사람을 만났다. 하지만 그녀가 가진 꿈을 제대로 이해시키기란 쉽지 않았다. 사람들은 수익성 높은 돈 버는 사업도 아닌데 왜 그처럼 시간과 노력을 들이는지 이해하지 못했다.

하지만 신비롭다고밖에는 말할 수 없는 경험도 많았다. 어려운 순간이 닥칠 때마다 도움을 주는 사람이 반드시 나타났기 때문이다. 도립도서관 문헌정보과장의 제안에 따라 그림책을 공부하는 프로그램 〈어머니 그림책교실〉과 그림책 읽어주는 프로그램 〈그림책 버스〉를 시작하게 되었고, 폐차된 버스 한 대를 제공하겠다는 사람이 나타났다. 원주시 문화체육과의 도움을 받아 토지문학공원 안에 부지를 마련하여, 우여곡절 끝에 버스를 기증받을 수 있었다. 그리고 폐차를 그림책 버스로 만들기 위해서도 엄청난 비용과 인력, 시간이 필요하다는 걸 잘 알지도 못한 채 또 다음 작업이 시작되었고, 이번에도 역시 주변의 많은 사람, 특히 같은 아파트에 사는 시각디자인과 교수, 출판사의 미술부장과 미술부원 등 여러 전문가들의 도움을 받았다.

그리고 원주시로부터 그림책 버스 채색행사를 위한 보조금을 받기도 했다. 서울에서 온 화가 22명이 꼬박 이틀에 걸쳐 끝낸 채색행사를 위해 지인과 친인척들이 값나가는 물건과 책을 보내주었고, 같은 아파트 주민들이 떡볶이 장사를 자청하는 등 정 깊은 후원이 이어졌다. 서가를 무료로 설치해주겠다고 나서는 가구 제작업체 사람들도 만났고, 바닥에 마루를 깔고 창문에 선팅을 하는 과정에서 만난 작업자들은 그림책 버스 설립의 취지를 이해하고는 더욱 정성스럽게 작업을 맡아주었다. 그리고 여러 출판사가 그림책을 선물해 준 것은 물론이다.

그리고 드디어 2004년 5월 1일 〈패랭이꽃 그림책 버스〉가 문을 열었다. 그녀의 꿈이 결실을 본 것이다.

물론 그림책 버스의 개관은 하나의 시작일 뿐이었다. 만드는 것보다 유지하고 관리하는 것이 더 힘들었기 때문이다. 월요일과 공휴일을 제외한 나머지 날에는 매일 11시부터 6시까지 젊은 엄마들이 돌아가면서 그림책 버스를 지켜야 했다. 상근직원을 둘 형편이 못 되기 때문이다. 그러나 자원봉사 도중에 아이가 다쳤다든지, 시어머니가 갑자기 쓰러졌다든지 등의 집안일이 생기면 자리를 지키기 어려운 경우가 많았다. 가족과 함께 나와 그림책 버스를 이용할 수 있도록 공휴일에도 문을 여는 것이 바람직하지만, 공휴일에 봉사할 사람을 찾기 어려워 문을 열지 못하는 경우도 많았다.

운영비가 없다 보니 어려운 일이 한둘이 아니었다. 내가 이상희 시인을 만나기 위해 그리고 그림책 버스를 직접 보기 위해 처음으로 원주를 방문했던 2004년 6월 20일은 마침 비가 억수 같이 쏟아진 다음 날이었다. 간밤에 쏟아진 비 때문에 버스는 내부가 눅눅해졌고, 창문 쪽의 서가에 꽂힌 그림책이 젖어버렸다. 곧 장마철이 되는데 비 새는 문제를 어떻게 해결해야 하나, 버스를 가릴 대형 천막이라도 쳐야 하나 하며 걱정하는 이 시인과 그날 봉사 나온 젊은 엄마들의 어두운 표정을 보면서 내 마음도 함께 무거웠던 기억이 생생하다.

하지만 그날 만난 이상희 시인은 한때 우울한 성격이었다는 고백을 믿을 수 없을 정도로 활기찬 표정을 하고 있었다. 멀리 치악산이 보이는 토지문학공원 돌담 쪽에 예쁘게 자리 잡은 '패랭이꽃 그림책 버스'의 모습과 버스 안에 있던 수많은 그림책이 매우 인상적이었다. 마침 서너 명의 아이와 아빠들이 있는 자리에서 이 시인이 직접 읽어준《오렌지색 도마뱀》이라는 그림책은 색깔이 아름다우면서도 아이들의 창의성을 키우기에 더할 나위 없이 좋은 책으로 보였다. 마치 넋을 잃은 듯 그림책과 이 시인을 번갈아 쳐다보던 아이들과 아빠들의 표정은 잊지 못할 정도로 감동적인 장면이었다.

그렇다면 이상희 시인은 어떻게 가진 돈 없이도 꿈을 실현할 수 있었을까? 그녀의 추진력과 어려움에 굴복하지 않는 힘은 어디서 비롯되었을까? 나는 세 가지를 들고 싶다.

첫째, 이상희 시인은 돈과 건강 문제를 적극적으로 해결할 수 있는 통찰력과 실행력을 가졌다. 그녀가 서울의 출판사 일을 과감히 접고 용감하게 원주로 이사하지 않았다면 꿈을 이루기는 쉽지 않았을 것이다. 그녀는 서울에서 일하면서 항상 피곤하고, 건강이 좋지 않았다고 한다. 척추에 문제가 있었고, 만성두통에 시달렸으며, 위장에 구멍이 난 적도 있었다. 직장을 그만두고 시만 쓰고 싶은 마음이 굴뚝같았지만 남편 또한 전업 작가였기 때문에, 차마 말을 꺼내지 못했다는 이 시인은 2001년 9월 드디어 서울을 떠나야겠다고 결심했다. 서울에서 벗어나 돈 걱정을 덜하며 글만 쓰고 싶었고, 그러기 위해서 적게 벌고 적게 쓰겠다는 각오를 단단히 했다. 무엇보다 2년마다 이사 다니는 지긋지긋한 생활을 그만두고 싶었다.

그녀는 지도를 펼쳐놓고 살고 싶은 곳을 찍었다고 한다. 그래서 남편과 중학생 아들과 함께 아무런 연고 없는 원주로 이사하게 되었다. 원주에서는 7천만 원 정도면 집을 살 수 있었다. 그녀는 무엇보다 이사를 안 다녀도 되어 좋다고 말한다. 그러나 생활비 문제까지 해결된 것은 아니었다. 고정수입이 없기 때문에 생활비는 그때그때의 수입으로 해결하며, 부부 중에서 좀 더 여유 있는 사람이 부모님 용돈, 관리비 등을 지불하기로 했다.

"그래도 서울에서 사는 것보다 훨씬 여유가 있어서 좋아요. 서울에서만 살아야 한다고 생각하는 사람들 보면 참 안타까워요. 특히 글 쓰는 사람들은 한결같이 가난한데, 이런 데 와서 살면 적어도 집 때문에 걱정하는 일은 줄어들 텐데……."

나아진 건 경제 사정만이 아니다. 건강도 많이 좋아져서 지금이 일생 중 가장 건강한 상태라고 한다. 일하기 때문이기도 하지만, 나이 들면서 남에게 너무 피해를 주지는 말아야겠다는 생각으로 몸을 관리하기 때문이라는 것이다. 게다가 전과 달리 활발해지고 활동적이 되어 스스로 생각해도 다른 사람 같아졌다고 말한다. 남편이 "조용히 시나 쓰지 어울리지도 않게 왜 그리 바쁘게 사느냐!"라며 뼈 있는 농담을 할 정도로 말이다.

그녀가 가진 돈 없이도 꿈을 이룰 수 있었던 두 번째 이유는, 그녀의 꿈이 그릴 수 있을 정도로 확실하고 구체적이었기 때문이라고 본다. 그녀는 스스로 그림책 글을 번역하고 직접 쓰고, 또 아이들에게 읽어주면서 구체적인 꿈을 키웠다. 뿐만 아니라 꿈 앞에서 적당히 타협하지 않는 태도를 보였다. 꿈을 실현하는 과정에서 여러 가지 어려운 점이 많았음에도 스스로 생각한 몇 가지 조건을 포기하지 않았다.

그녀의 계획을 이해하기 어려워하는 사람들이 왜 하필 버스냐, 그것도 움직이지 않는 버스라야 하느냐, 공원보다는 관리하기 안전한 공간에다 버스 형태를 갖춘 구조물을 두는 게 낫지 않느냐고 충고하기도 했다. 하지만 그녀는 자연 속에 있어야 하고, 여럿이 함께 그림책의 세계로 떠나는 '버스 타기'여야 하며, 그 버스 자체가 그림책의 세계처럼 독특한 공간이 되어야 한다는 점을 끝내 포기하지 않았다. 그리고 실제로 그런 그림책 버스를 만들어냈다.

셋째, 문화적으로 소외된 지방 소도시의 어린이들을 위해 멋진 공간을 마련하고 멋진 예술품을 제공하고 싶다는 그녀의 꿈은 사회적으로도 의미 있는 일이기 때문에 많은 사람의 호응과 지원을 끌어낼 수 있었다. 그녀는 다른 지역에서도 그림책 버스가 만들어질 수 있기를 희망한다고 했다. 한번은 그녀가 그림책 버스를 위해 뛰고 있을 때, 방송 원고 쓰던 시절의 담당 국장이었던 원주 MBC 사장의 도움을 받았다고 한다. 그러나 모든 문제를 단숨에 해결할 수 있도록 원주시장과의 만남을 주선하겠다는 제의는 정중히 사양했다. 지름길로만 달려가다가는 앞으로 다른 지역에서 그림책 버스를 만들어갈 사람들에게 길잡이 역할을 할 수 없을 것 같아서라고 했다.

나를 포함하여 대부분의 사람은 꿈을 실현하기 위해서는 반드시 돈이 필요하다고 생각한다. 즉 하고 싶은 일은 많지만, 그런 일이 다른 사람에게도 좋고 의미 있는 일이라는 사실을 알고는 있지만, 돈이 없어서 꿈을 접을 수밖에 없다면서 의기소침하기 쉽다. 하지만 이상희 시인의 사례는 확실하고 구체적인 꿈을 가지고 있다면, 그리고 자신을 방해하는 장애물을 과감히 물리칠 수 있는 결단력과 용기가 있다면, 또 그것이 다른 사람에게도 좋고 의미 있는 일이라면, 가진 돈 없이도 꿈을 실현할 수 있다는 진실을 눈부시게 보여주었다.

이은홍, 신혜원 부부, 그리고 이상희 시인을 통해서 돈과 일, 삶과 꿈이 행복하게 만난다는 게 얼마든지 실현 가능하다는 걸 알게 되었다. 은퇴 후에도, 노년에도 그런 하루하루를 살 수 있다면 얼마나 행복할까? 이들처럼 멋지고 똑똑한, 그러면서도 창조적인 베이비붐 세대의 은퇴자, 그리고 노인들을 많이 만날 수 있기를 희망한다.

• 은퇴 후 행복한 삶을 위해 당신의 모든 능력을 총동원해보자. 그동안 생각지도 못했던 새로운 삶이 당신의 눈앞에 펼쳐질 것이다. 그러면 인생에서 돈이 최고가 아니라는 것을 알게 될 것이다

04 놀이는 나의 힘 :

자신에게 맞는
맞춤형 놀이 찾기

직장은 영원한 놀이터가 될 수 없다. 은퇴 후를 위해서라도 자신만의 놀이를 찾는 것은 매우
중요하다. 이제부터라도 매일 얼마만큼의 시간을 투자해보자. 스스로를 외톨이로 만들지 말
고 인생을 즐겨보자. 한 번 뿐인 인생, 후회 없는 삶을 위해……. 오늘도 쉼 없이 달려보자

"엄마, 나 살기 싫어. 어떻게 이렇게 살아?"

산전수전 다 겪은 사람의 말이 아니다. 온종일 놀지 못하게 공부만 시키는 무서운 아빠가 잠깐 자리를 비운 틈에 초등학교 6학년인 윤석이가 엄마한테 와서 조그맣게 속삭였다는 내용이다.

웃을 일이 아니다. 정말 심각한 문제다. 윤석이는 100세도 넘어 도대체 몇 살까지 살지 예측조차 힘든 초고령사회에서 살 것이고, 그러다 보면 인생의 상당 부분을 놀며 지내야 한다. 그런데 지금 한참 놀아야 할 나이에 놀지도 못하고 벌써 앞으로 살 일을 걱정해야 한다면, 잘못돼도 한참 잘못된 일이 아닐까?

지금의 아이들에 비하면야 훨씬 잘 놀았던 세대의 사람들도 은퇴하고 나면 하루를 어떻게 보내야 할지 모르겠다며 하소연이 대단한데, 어려서도 마음껏 놀아보지 못한 요즘 아이들의 노년은 어떤 모습일까? 평생 즐길 만한 인문학적 소양을 쌓아야 할 대학생활에서도 취업 준비에만 몰두해야 하는 게 오늘의 현실이다. 혹시 이 아이들이 은퇴할 때쯤이 되면 '노는 법 과외'나 '놀이학원'이 유행할지도 모르는 일이다.

인간의 삶은 연속적이다. 잘 노는 아이들이 제대로 잘 노는 어른이되고, 또 제대로 잘 노는 중년은 그러한 노년으로 이어질 것이다. 죽도록 일만 하다가 퇴직하는 그 순간부터 갑자기 잘 논다는 건 생각처럼 쉽지 않다. 바쁠 때야 무료함이 그립겠지만, 무료함을 견딘다는 건 생각보다 훨씬 더 어렵다.

❖ 직장은 영원한 놀이터가 될 수 없다

'놀이'의 문제를 가장 생생하게 보여준 사람은 58세의 L씨였다. 그는 일 년 전 30년 동안 다니던 은행에서 퇴직했다. 좀 더 승진할 수도 있는데 퇴직했다는 것이 못내 서운하긴 했지만 다른 사람들에 비하면 L씨의 객관적인 조건은 매우 좋은 편이었다. 일찍 결혼한 덕분에 자녀들도 다 독립했다. 이제 재미있게 놀 일만 남았다. 한데 바로 이 '노는 일'이 문제였다. L씨는 자꾸 우울해졌고, 급기야는 신경정신과 치료를 받을 정도에까지 이르렀다.

"자꾸 죽어버리고 싶다는 생각이 들었어요. 특히 아침이면 더 우울했죠. 새벽에 깨서 창밖으로 동이 터오는 모습을 볼 때마다, 오늘 하루를 어떻게 보내야 하나 걱정이 들면서 그냥 이대로 죽어버리고 싶다는 생각이 드는 거예요. 그래서 S 의료원 신경정신과에 갔는데, 정신과 의사는 해주는 건 하나도 없이 한 시간 동안 혼자 얘기해보라고 하더군요. 전에 뇌출혈로 고생한 적이 있어서 걱정했는데, 두뇌검사 결과 기억력이나 사고력에는 아무 문제가 없는 것으로 나왔지요. 의사도 아무 이상 없다고 했어요. 내가 생각해도 나 혼자 얘기하고, 말도 논리적으로 잘하는데 무슨 병이 있겠나 싶더군요. 그다음부터는 병원에 가지 않았어요. 그런데 문제는 계속 우울하고 무력감이 든다는 거죠."

두 시간을 훌쩍 넘긴 면접시간 동안 L씨가 특별히 우울한 사람이라는 느낌은 들지 않았다. 아니, 오히려 명랑하고 재미있는 사람이라고 느껴질 정도였다. 자신에 대해 "전에는 가진 게 돈과 건강밖에 없었는데, 지금은 시간도 있으니 타락할 조건을 모두 갖춘 셈"이라거나 본인을 "시간과 인격만 가진 사람"이라고 소개하는 등 유머와 위트가 있었다. 미래에 대해 많이 고민하는 것으로 보인다는 점, 은퇴자가 처한 현실이나 대중문화 등에 대해서 불만이 많다는 점, 자신이 처한 상황을 가능하면 정확하게 표현하려고 애쓰고 있다는 점도 좋아 보였다.

그러나 그는 유머러스하게 말하는 중에도 간간히 자신을 '잉여인간', '용도 폐기된 사람', '산업폐기물'이라고 표현하는 등 참담한 심정을 감추지 않았다. 그 이유는 도무지 하루를 어떻게 보내야 할지 알 수가 없기 때문이라는 것이다. 무얼 해도 재미가 없다고 했다.

"책을 읽는 건 어떤가?"라는 내 질문에 대해서 그가 했던 대답은 참 인상적이었다.

"은행 다닐 때는 책도 많이 읽었죠. 그런데 요즘은 책을 봐도 통 재미가 없는 거예요. 왜 그럴까 하고 가만히 생각해보니까 그때는 책 읽고 부하 직원들한테 너희 이런 책 봤어? 하고 으스대는 맛에 읽었던 거예요. 요샌 읽어봤자 어디 가서 자랑할 데도 없으니까 책 읽는 것도 시들해요."

L씨에게는 아마도 직장이 '놀이터'였던 것 같다. 놀이터를 잃어버렸으니 우울한 것이다. 특히 아침에 더 우울했던 이유는 그 시간이 놀이터로 출근해야 할 그 시간이었기 때문일 것이다. 사리도 밝고 유머감각도 풍부한 그는 직장에서의 다양한 인간관계를 즐겼을 것이고, 특히 부하

직원들에게 리더쉽을 발휘하고 남들에게 은근히 자신을 과시하는 재미도 느꼈을 것이다. 그런 그에게 은퇴란 흥미진진한 놀이터와 놀이 친구를 잃어버리는 우울한 사건이다.

하지만 어쩌겠는가. 직장은 영원한 놀이터가 될 수 없으니, 이미 은퇴한 직장이라는 놀이터를 그리워하는 건 마치 초등학생이 유치원의 놀이터에 미련을 두는 것만큼이나 어색하고 민망한 일이다. L씨는 하루빨리 또 다른 놀이터와 놀이 친구를 찾아야만 할 것이다.

❖ 나만의 즐거움을 위한 나만의 놀이 찾기

그렇다면 어떻게, 어떤 놀이를 찾아야 할까? 이 물음에 대답하는 건 참 어려운 일인 것 같다. 놀이야말로 '개인적인' 것이기 때문이다. 즉 나만의 '맞춤형' 전략이 필요한 분야다. 하지만 은퇴 후 시점에 따라, 또 개인의 상황에 따라 다양한 놀이를 찾을 수 있지 않을까? 예를 들면, '해방감을 주는 놀이', 자기를 표현하기 위한 '자기표현형 놀이', 친구를 찾기 위한 '인맥확대형 놀이', 평소 하고 싶었던 일에 몰두하는 '개인미션형 놀이' 혹은 '자아실현형 놀이'등이 있을 것이다.

은퇴 직후에는 대부분이 해방감을 주는 놀이부터 시작할 것이다. 많은 사람이 은퇴하면 실컷 여행이나 다니고 싶다고 말하는데, 그건 바로 일생 동안 해온 빡빡한 일로부터, 시간의 제약으로부터, 남의 시선으로부터 해방되고 싶다는 뜻일 것이다. 실제로 50대 중반에 은퇴한 후

석 달 만에 아내와 함께 배낭여행을 떠나면서 이후 17년 동안 세계 145개국을 함께 여행했다는 이해욱, 김성심 부부의 얘기는 은퇴를 앞둔 사람뿐 아니라 젊은이의 마음도 설레게 할 것이다.《세계는 한 권의 책》이라는 책도 펴낸 이들 부부는 2011년 하나HSBC 생명에서 조사한 한국 직장인들이 꼽은 '이상적인 은퇴생활 롤 모델' 1위로 뽑히기도 했다. 꼭 여행이 아니더라도 퇴직 전에 하던 일과는 전혀 다른 활동을 해보면서 그동안 직장에 얽매였던 자신을 해방시키는 것은 오랜 시간 동안 억눌렸던 욕구도 풀고, 또 다른 에너지와 활기를 얻을 수 있다는 점에서 바람직하고 필요한 일이다.

하지만, 100세 시대를 앞둔 지금, 해방감만으로, 혹은 해방감을 주는 놀이만으로 은퇴 후 수십 년을 보낼 수는 없는 일이다. 위에서 예로 든 이해욱, 김성심 부부의 경우도 단순히 해방감을 갖고 싶다는 마음만으로 여행을 시작했다면, 노년으로 접어든 부부가 145개국을 함께 여행하는 기록을 세울 수 있었을까? 책에도 자세히 나와 있지만, 이들 부부는 평생 간직하고 살았던 여행의 꿈을 실현하기 위해 미리미리 준비하고 노력했다. 그런 점에서 이들 부부의 여행은 '해방감을 주는 놀이'라기 보다는 '자아실현형 놀이' 혹은 '개인미션형 놀이'에 더 가까울 것이다. 아무튼, 사람에 따라 다르겠지만, 해방감을 주는 놀이는 빠르면 몇 달 안에 혹은 아무리 늦어도 1~2년 안에 끝날 것이고, 그 후에는 다른 즐거움과 의미를 줄 수 있는 놀이가 필요해질 것이다.

은퇴 후에 자신을 표현할 기회가 줄어들어 섭섭하다면, '자기표현형 놀이'에 몰두해보는 것도 좋으리라. 악기를 배워서 혼자 노는 것도 좋지만, 동네 아저씨 밴드에 들어가 함께 연주하면서 '나는 아직도 건재하다! 나는 이렇게 즐겁게 살고 있다!' 이렇게 외쳐보는 것도 좋을 것이다.

'인맥확대형 놀이'도 중요하다. 은퇴한 후에 정기적으로 만나는 사람이 셋만 있어도 외롭지 않다는 연구 결과가 있는데, L씨도 이에 해당한다. L씨는 내가 만났던 퇴직자 중에서도 유난히 하고 싶은 말이 많고, 그 연령대의 남자들에 비해 표현력이 좋은 사람이었다. 따라서 L씨야말로 세 명의 친구를 정기적으로 만날 수 있는 놀이를 찾을 수 있다면, 친구도 즐겁고 본인도 즐거울 것이라고 확신한다. L씨는 하루빨리 직장동료를 대신할 친구를 만들어야 한다. 다양한 사람들에게 '우리 같이 놀지 않을래?' 하고 손을 내밀어야 한다.

그러나 나는 친구보다 더 중요한 건 무언가 혼자서도 즐길 수 있는 '꺼리'를 갖는 것이라고 생각한다. 그중에서도 '자아실현형 놀이'와 '프로그램'이 중요하다. 최근에 누군가 은퇴한 남자는 '적어도 세 가지 종류의 국을 끓일 수 있는 능력을 갖춰야 한다'고 말하는 걸 듣고 '정말 그래, 정말 맞는 말이야'라며 공감한 적이 있다. 나는 여기에 덧붙여 '언제 어디서나 혼자 즐길 수 있는 놀이를 적어도 세 가지는 가지고 있을 것'이라는 조건을 추가하고 싶다. 나의 즐거움을 외부 환경이나 타인에게 의존할 수는 없기 때문이다. 걷기를 정말 좋아하는 사람은 비가 온다고 해서, 같이 걸을 친구가 없다고 해서 걷기를 포기하지 않는다. L씨도 혼자서도 즐거이 몰두할 수 있는 놀이, 오랜 꿈을 실현할 수 있는 놀이, 자신을 즐겁게 할 프로그램을 꼭 찾아야 한다.

요즘, 나이 들수록 일이 필요하다고 하는 사람들이 많다. 죽을 때까지 은퇴하지 말라고 주장하는 사람들이나 책도 많다. 매스컴에서도 노인의 '일'이나 '일자리'에 관해 관심을 보이고 있고, 관련 연구도 많이 이루어지고 있다. 돈 때문인 경우도 많지만, 꼭 돈이 아니더라도 뭔가 일이 있어야 건강에도 좋고 삶에도 활기가 돈다는 주장이다. 나이 들수록 세상과의 끈을 놓지 않고 뭔가 활동을 계속하는 것이 좋다는 점에서 이런 주장도 일리가 있다. 많은 사람이 '반은 일하고 반은 노는' 그런 생활을 꿈꾸는 것도 사실이다.

하지만 일정한 나이가 되면 삶을 즐기는 것, 즉 마음껏 노는 것이 일보다 더 중요해진다. 즉 나이 들수록 일보다는 놀이에 더 많은 가치와 비중을 둬야 한다. 혹은 '벌이로서의 일'보다는 '놀이로서의 일'을 찾아야 한다. 한창 일할 때 제대로 일하지 못하는 사람이 정체성에 문제를 일으키듯이, 놀아야 할 때 제대로 놀지 못하는 사람은 엉뚱한 생각에 사로잡히고 이상한 행동을 한다. 가족이나 자녀에게 지나친 애정을 쏟거나 간섭하여 질리게 하고, 결국은 스스로를 외톨이로 만들고 마는 것이다.

나이 든 사람들의 놀이생활은 사회적으로도 중요하다. 특히 직장 다닐 때 그토록 갖고 싶어했던 '시간'을 가진 사람들, 아직은 놀 수 있는 '건강'을 가진 사람들, 88만 원 세대인 요즘 젊은이들에 비하면 '돈'도 있고 취업 부담도 적은 사람들, 이들이 무엇을 하면서 어떻게 노는가 하는 것은 사회 전체에도 커다란 영향을 미칠 것이다. 한마디로 이들이 건강하고 즐겁게 잘 놀아야 사회에도 도움이 된다. 그래야 의료비도 덜 들어서 건강보험 재정도 튼튼해지고, 건전한 소비를 통해 경제에도 보탬이 될 테니까 말이다.

더 중요한 건 이들이 건전하게 잘 놀아야 사회 분위기도 밝고 건강해진다는 점이다. 그래야 젊은이들은 즐겁게 사는 노인을 보면서 나이 먹는 것에 대한 두려움도 덜 갖게 되고, 자라나는 청소년들에게도 '잘 논다는 건 바로 이런 거란다' 라며 큰 소리도 칠 수 있을 것이다.

따라서 만일 자신에게 맞는 놀이 프로그램을 찾지 못했다면, 이제부터라도 매일 얼마만큼의 시간을 투자하시라. 놀이야말로 창조성이 필요한 행위이므로 나만의 '맞춤형' 놀이를 찾기 위한 부단한 노력이 필요하다. 도서관에도 가보고, 인문학 강의도 듣고, 혼자 여행도 떠나봐야 할 것이다.

그리고, 놀이의 수단과 방법을 결정할 때 남을 너무 의식할 필요는 없다는 점을 강조하고 싶다. 놀이는 어디까지나 나의 즐거움을 위한 것이니까 나의 자아가 마음껏 뛰어놀게 내버려두어야 한다. '그건 너무 고상해. 재미없어'라고 소리치는 내면의 소리에 귀를 기울일 필요가 있다. 새로운 것에 대한 호기심, 흥분, 어린 시절의 장난기 같은 소중한 것들을 다시 불러와야 한다.

아무리 놀려고 해도 놀 수가 없다는 L씨에게, 더 이상의 구체적인 해답을 말해줄 수 없는 건 참 안타까운 일이다. 다시 한 번 말하지만, 자신에게 맞는 놀이란 결국 자신이 스스로 찾아야 하기 때문이다. 혹시 어린 시절의 놀이감각을 복원하고, 어린 시절의 놀이터로 돌아가는 데 도움이 되지 않을까 하는 마음에 L씨에게 이 시를 들려주고 싶다.

내가 늙었을 때 난 넥타이를 던져 버릴 거야.
양복도 벗어 던지고, 아침 여섯 시에 맞춰 놓은 시계도 꺼 버릴 거야.
아첨할 일도, 먹여 살릴 가족도, 화낼 일도 없을거야.

더 이상 그런 일은 없을 거야.
내가 늙었을 때 난 들판으로 나가야지.
어디로 가는지도 모르면서 여기저기 돌아다닐 거야.
물가의 강아지풀도 건드려보고 납작한 돌로 물수제비도 떠 봐야지.
소금쟁이들을 놀래키면서.

해질 무렵에는 서쪽으로 갈 거야.
노을이 내 딱딱해진 가슴을
수천 개의 반짝이는 조각들로 만드는 걸 느끼면서.
넘어지기도 하고 제비꽃들과 함께 웃기도 할 거야.
그리고 귀 기울여 듣는 산들에게 내 노래를 들려 줄 거야.

하지만 지금부터 조금씩 연습해야 할지도 몰라.
나를 아는 사람들이 놀라지 않도록.
내가 늙어서 넥타이를 벗어 던졌을 때 말야.

드류 레더, 〈내가 늙었을 때〉 중에서

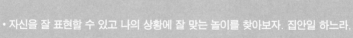

- 자신을 잘 표현할 수 있고 나의 상황에 잘 맞는 놀이를 찾아보자. 집안일 하느라,
  일하느라 하지 못했던 나만의 놀이를 끄집어내보자! 그 즐거움으로 당신의 은퇴
  후 생활은 장밋빛 미래가 될 것이다

4부

새롭게 배워보는 :: 가족 사랑의 기술

01 긍정적 성별 교차경험 :

화성으로 간 여자,
금성으로 간 남자

나이 들면서 일어나는 주변의 변화들을 당신은 어떻게 받아들이고 있는가? 예전과는 다르게 여성은 남성화, 남성은 여성화 되고 있지 않은가……. 당신의 변화에 대해서 걱정할 필요는 없다. 심리학자들은 양성적인 특성을 모두 가진 사람들이 심리적으로 건강하고 성숙하며 행복할 가능성이 크다고 전한다. 이참에 아내와 남편의 입장에서 각자의 역할을 경험해보는 건 어떨까?

나이 들면서 가장 드라마틱하게 찾아오는 변화 중의 하나는 남녀 간 관계, 그리고 남녀 간 성 역할의 지각변화이다. 한마디로 화성에서 왔던 남자는 금성으로 가고, 금성에서 왔던 여자는 화성으로 간다. 남녀 간의 만남은 왜 이리도 항상 극적이어야만 하는 것일까?

1970~80년대에 대학과 대학원을 다녔던 나 같은 세대에게 있어서 성차별 문제를 해결하고 여성의 권리를 찾는 것은 민주화를 이룩하는 것만큼이나 중요한 과제였다. 우리는 남성 중심적인 사회에 분개하고, 그 거대한 철벽을 부수기 위한 방법을 찾기 위해 노력했다. 한때 여성해방주의와 여성운동에 심취해 있던 때에는 남자들이 온통 적으로만 보인 적도 있을 정도니 말이다.

그러다가 하나둘씩 결혼을 하기 시작했는데, 역시 여자들의 입장에서 남자들은 예상했던 것보다도 훨씬 이해하기 어려운 동물이었다. 친구들은 남편들이 한마디 말도 없이, 세상의 온갖 스트레스는 혼자다 진 얼굴을 하고 TV 앞에 앉아 있는 모습에 어리둥절해했다. 당시 시집살이로 고생한 친구는 남편이 퇴근길마다 무협지를 잔뜩 껴안고 와서는 저녁 내내 눈썹을 휘날리며 칼이라도 휘두르는 무사 같은 표정으로 무협지 속에 얼굴을 파묻고 있다고 하소연했다. 그런 남편에게 낮에 있었던 집안일이라도 얘기할라치면, 자신이 마치 위대한 장수 앞에 엎드려 하소연하는 아낙네처럼 초라하게 느껴진다고 했다.

"천하를 다스리는 위대한 장군님께 말씀드리기는 황공한 일이오

나……" 하고 말을 꺼내는 순간, 아뿔사! 그 위대한 장수께서는 가엾은 아낙네에게 눈길조차 주시지 않고, 그대로 말을 타고 흙바람을 일으키며 달려가버리고 말았다는 것이다.

매사에 대화를 강조하고 토론을 통해 문제를 해결하려 했던 당시의 여자들에게 남자들이 대화와 토론 자체를 회피하는 건 정말 이해할 수 없는 일이었다. 그 당시 남편이 가장 싫어했던 건 "우리 대화 좀 하자"는 말이었다.

우리 여자들은 할 수 없이, 자신의 길을 찾아 나섰다. '그래 나도 일할 수 있고, 재미있게 살 수 있어!'라고 외치면서. 우리는 하나둘 밖으로 눈을 돌렸고, 다시 학교로 가서 공부를 하고, 일하기 시작했다. 그리고 여자들끼리 노는 방법을 터득해나갔다.

❖ 화성으로 간 여자, 금성으로 간 남자

내가 남자들이 '화성'이라는 다른 별에서 왔다는 것을 머리가 아닌 몸으로 이해하기 시작한 것은 직장을 다니기 시작한 30대 중반쯤이었다. 여중, 여고, 여대 그리고 대학원까지 여학교만 다녔던 내게 일터는 남자와 함께 일도 하고 싸우기도 해야 하는 새로운 세상이었다. 그들과 사이좋게 지내기 위해서, 혹은 경쟁하고 이기기 위해서는 그들의 심리와 언어, 행동 특성을 잘 파악하고 활용해야 했다.

몇 년간의 시행착오를 통해서 나는 힘든 일이 있을 때면 함께 모여서 위로의 말을 통해 슬픔을 나누는 것이 '금성'의 규칙이고, 힘들면 동굴에 들어가 상처가 치유될 때까지 웅크리고 앉아 있는 것이 '화성'의 규칙이라는 존 그레이J. Gray의 주장이 얼마나 설득력이 있는지를 확인할 수 있었다. 사실 인제 와서 고백하지만, 화성의 규칙에도 배울 점은 있었다. 여자들의 적확한 표현보다 남자들의 인내와 침묵이 더 중요할 때가 있다는 것도 알았고, 때로는 침묵이 그 어떤 말보다 훨씬 더 큰 위안이 된다는 사실도 깨달았다. 반면 여자들은 나를 포함하여 '말하지 않는 것이 좋을' 말과 감정표현을 해서 손해를 보는 경우가 많다는 사실도 알았다. 아무튼 내가 남자들의 언어와 심리를 이해하게 되면서 남편과의 싸움도 줄어들었다. 소위 평화로운 시대가 계속되었다고나 할까?

그런데 어느 날부터 뭔가 낌새가 이상했다. 도대체 집안일에는 관심이 없던 남편이 "집에 밥이 없는데 어떻게 하지?"라며 근심스러운 표정으로 묻는다든지, 어느 날 요리학원에 등록했다고 한다든지, 이제 싸우는 영화는 싫고 잔잔한 영화가 좋다고 말하기도 했다. 그럴 때마다 나는 겉으로는 "그래? 좋지. 이제야 뭘 좀 아는 것 같네"라며 맞장구를 치지만, 속으로는 '저이가 누구신가?'라고 중얼거린다.

친구들과의 관계도 그렇다. 사실 여자들은 친구들 만나기가 쉽지 않다. 서로 너무 바쁘기 때문이다. 직장에 다니는 친구들은 직장 일 때문에, 직장에 다니지 않는 친구들은 또 다른 일들 때문에 너무 바쁘다. 미국에서 만났던 친구와는 귀국한 지 몇 년이 지나도록 "한번 만나자! 역시 서울은 미국보다 크고 멀구나……"라는 전화 통화와 이메일만이 오갈 뿐이다. 그러면서도 우리는, '다 잘 지내겠지, 바쁘니까 연락이 없는 거겠지'라며 느긋한 마음이다. 전 같으면 손톱만큼만 일이 생겨도 전화하고, 그러고도 더 자세한 얘기는 만나서 얘기하고, 만남과 대화를 통해 모든 문제를 해결하려고 했었던 우리였는데 말이다.

그런데 남편은 다르다. 무슨 동창 모임이 그리도 많은지 모른다. '수송아이들'이라는 초등학교 동창 모임을 비롯하여 '홍현백우'라는 알쏭달쏭한 이름의 고등학교 동창 모임, 3학년 8반 모임, 강남 모임, 분당 모임, 당구 모임 등 셀 수도 없다. 한 3년 전부터는 1년에 한 번 영화관을 빌려서 함께 영화를 보기도 하는 모양이다. 동창회 카페에는 "며느리나 사위 동반 환영합니다"라는 초대글도 올라와 있다. 방금 밖에서 만나고 들어와서도 또 전화통화를 하는 여자들의 애틋한 우정을 그리도 비웃던 남자들이 이제 친구 없으면 못 살 것처럼 난리인 광경을 보고 있노라면, 참 인생 역전이라고 해야 할지, 남녀 역전이라고 해야 할지 모르겠다.

⁜ 긍정적인 남녀 간 교차변화

융Carl. G. Jung은 중년기 이후의 이러한 변화를 아니마Anima와 아니무스Animus의 개념으로 설명한다. 즉 나이가 들면 남자들이 내면의 여성적인 측면Anima을 표출해 덜 공격적이 되고, 대인관계에 더욱 많은 관심을 보이기 시작한다. 여자들은 남성적인 측면Animus을 표출해 보다 공격적이고 독립적으로 변화한다는 것이다. 실제로 남자들은 여성적인 특징을 드러내고 내면의 세계에 관심을 갖게 되며, 반대로 여자들은 남성적인 자질을 드러내고 바깥으로 향한다. 이 사실은 대표적인 노화 현상 중 하나로 받아들여지고 있다.

윤진 교수는 노년기에 나타나는 성격 변화 중 하나로서 남자들은 친밀성, 의존성, 관계 지향성이 증가하는 반면 여자들은 공격성, 자기주장, 자기중심성, 권위주의 성향이 상대적으로 높아진다고 주장했다. 여자들의 목소리는 나날이 커지고, 남자들의 목소리는 점점 작아진다.

최근에 미국에서 시행된 조사 결과에서도 남녀 간에 교차하는 변화 양상을 확인할 수 있다. 즉 은퇴한 남자들은 일보다는 가족과 여가생활을 더 즐기고 싶어하는 반면 여자들은 은퇴한 후에도 밖에서 더 일하고 싶어하고, 사회적 성취를 더 중요시한다는 것이다.

이 같은 변화의 원인에 대해서는 여러 가지 연구 결과가 있는데, 현재로서는 '호르몬의 변화' 때문이라는 설이 가장 유력하다. 그러나 단지 그 때문일까? 어쩌면 사회적 역할에만 몰두하던 남자들이 나이가 들수록, 일에서 떠나야 하는 날이 가까워올수록 사회에서의 역할이 영원히 계속될 수 없음을 깨닫고 상대적으로 가정의 중요성을 인식하게 되는 그런 과정이 아닐까?

문제는 이러한 변화가 남자에게 더 불리하다는 사실이다. 문화인류학자 데이비드 구트만David. L. Gtutmann이 서로 다른 26개 문화권을 비교 분석한 결과에 의하면 14개 문화권에서는 나이가 들수록 여자들에게 주도권이 넘어갔고, 12개 문화권에서는 성별 간 변화가 없었다고 한다. 결국, 남자의 주도권이 증가한 경우는 어디서도 찾아볼 수 없었다. 남자들의 변화 적응력이 여자보다 낮다는 사실은 원숭이의 실험 결과를 통해서도 검증된 바 있다. 외부 변화에 대한 적응력은 젊은 암컷 원숭이가 가장 높고, 그다음이 나이 든 암컷 원숭이, 젊은 수컷 원숭이, 그리고 나이 든 수컷 원숭이 순으로 낮았다.

그러나 더 심각한 건 나이가 들수록 여자의 경우 남자와의 대화 자체에 관심이 없어지고, 할 얘기도 없다는 사실이다. 누가 주도권을 가지는가에 대해서도 이제 별 관심이 없다. 이제 여자들은 시시콜콜한 일에 신경 쓸 정도로 한가하지 않다. 게다가 남자들은 집안일 좀 한답시고 얼마나 잔소리가 많은지, 내가 한마디 하면 다섯 마디를 하고, 그것도 모자라 혼자 중얼거린다.

지난달에 있었던 부부 동반 모임에서도 여자들이 신나게 정치 얘기, 평생교육원에서 강의 듣는 얘기, 여행 갔다 온 얘기를 하는 동안에 남편들의 화제는 자꾸만 부엌일과 쓰레기 분리수거, 마트에서 장을 봤던 이야기로 이어지는 바람에 나중에 이 사실을 알아채곤 한바탕 웃었던 적도 있다.

사정이 이렇다 보니, 항간에는 중년 남자, 특히 은퇴한 남자들에 대한 블랙(?) 유머가 엄청 많이 떠다닌다. 웃기면서도 생각해보면 하나같이 슬픈 것들이다. 하루아침에 권위가 땅에 떨어진 남자들을 생각하는 것도 슬프지만, '눈 똑바로 뜨고 밥 달라고 하면 때려준다'라는 식의 폭력성과 권위주의로 똘똘 뭉친 여자들을 보는 것은 더 슬픈 일이다.

"요즘 집사람 말투는 아예 명령조예요. 나한테 복수하고 싶은 게 많은가 봐요. 이해가 갈 듯하면서도, 꼭 그렇게까지 해야만 하는지 의문이 들 때가 많죠. 아, 왜, '평화의 복수'라는 것도 있지 않습니까? 평생 가족을 위해 일했는데, 이제 돈 못 벌어온다고 이런 대접을 받다니, 너무 억울하다는 생각이 들어요"라는 C씨의 말도 일리는 있다.

심리학자들은 양성적인 특성을 모두 가진 사람들, 즉 남성적인 특성과 여성적인 특성을 모두 가진 사람들일수록 심리적으로 건강하고 성숙하며 행복할 가능성이 크다고 지적한다. 그리고 성숙한 남녀일수록 성별의 교차를 경험한다는 연구결과도 있다. 《서드 에이지, 마흔 이후 30년》의 저자 새들러 William Sadler 는 중년기 이후에 성장을 이룬 여자들의 경우 보다 독립적이고 자기주장이 강한 사람이 되면서도 여성적인 장점을 잃지 않았다고 주장한다. 그리고 남자들은 부드러워지면서도 남성적인 여러 강점을 유지했다는 점을 지적한다.

사실, 남자의 언어와 여자의 언어를 모두 익히고, 양쪽의 심리적 특성과 행동 변화를 모두 이해하기 위해서는 오랜 세월이 필요하다. 나이가 주는 선물이라고나 할까? 실제로 요즘 세상의 소위 잘나간다는 젊은 남자 중에도 여자들의 심리에 대해서 너무 모르는 사람들이 많은 건 안타까운 일이다. 이런 남자들은 여자들을 자신의 편으로 만들지 못하고 잘 활용하지도 못한다. 말하자면 반쪽짜리 리더십인 셈이다. 지금은 양성의 언어와 심리적 특성, 행동 변화를 모두 이해하고 활용할 줄 아는 리더십이 필요한 시대이다.

나는 금성으로 간 남자들, 그리고 화성으로 간 여자들이 더 많은 것을 배우기를 희망한다. 그리고 서로 좀 더 당당하고, 친절하고, 너그러워질 수 있기를 희망한다.

수명도 길어지는데 또 한 번 역전의 기회가 올지 누가 알겠는가?

• 나와 함께 사는 배우자의 일상에 관심을 가져보자!
누가 주도권을 가질지의 문제는 중요하지 않다. 각자의 생활을 존중하면서
차근차근 모든 것을 함께 공유하는 것이 가장 이상적이다

02 인생의 동반자, 부부 :

황혼이혼을
피하는 방법

최근 황혼이혼이 괜히 늘어나는 게 아니다. 우리나라 중년 부부들은 '따로따로'에 너무 익숙해
있다. 자녀교육을 위해서라면 다른 나라에 떨어져 사는 것도 기꺼이 감수하며 일하듯이 보낸
다. 오랫동안 따로 지내다 보면 함께 공유할 것이 많지 않을 수밖에 없다. 이혼을 생각하기 전
에 서로 직면하는 기회를 많이 가지고 둘 사이를 미리 점검해보자. 혼자보다는 둘이 낫지 않을
까? 충분한 노력을 기울인 다음에 선택해도 늦지 않다

언젠가 신문에서 '프랑스에서는 여름휴가 후 이혼이 급증한다'라는 기사를 읽은 적이 있다. 처음에는 의아하게 생각했다. 여가를 중시하는 프랑스에서는 휴가를 함께 보내는 부부 사이도 당연히 좋을 것이라고 막연히 생각해왔기 때문이다. 휴가란 가족의 소중함을 깨닫고 부부간의 애정을 확인하는 더없이 좋은 기회가 아니겠는가.

그러나 기사를 조금 더 읽어 보니 그럴 만도 하겠다는 생각이 들었다. 여름휴가 후 이혼이 급증하는 이유는 휴가기간 중에 부부가 서로 일대일로 직면하는 시간이 늘어나기 때문이라는 것이다. 평소에는 부부간의 관계를 대체할 것들이 많다. 설사 부부간의 사이가 소원한 경우라 해도 일에 파묻혀 지내거나 자녀의 뒷바라지에 열중할 수도 있으며, 다른 친구들과의 만남이 부부간의 트러블을 보상해줄 수도 있다. 또 남에게 배우자 흉을 보면서 배우자에 대한 관심을 분산하고 불만을 완화할 수도 있다.

그러나 휴가 중에는 이 모든 대체가 불가능하다. 일을 할 수도 없고 다른 친구를 만날 수도 없다. 그저 남편과 아내가 있는 그대로 인간 대 인간으로 만나게 되고, 이렇게 한 달 두 달 지내고 나면 '아니, 저 사람이 저런 사람이었어?' 하는 의문이 점점 커지다가, 결국 더 참을 수 없어서 휴가 직후 헤어지는 부부가 생긴다는 얘기였다.

❖ 은퇴 후에 더 중요해지는 부부관계

은퇴 후의 이혼, 황혼이혼도 긴 휴가 후의 이혼과 비슷하지 않을까? 은퇴 후는 인생의 휴가 기간과 같다. 자녀는 커서 부모 곁을 떠나고, 원하든 원치 않든 간에 여러 가지 일에서 해방된다. 휴가지에서 문득 생각난 도시 생활이 비현실적인 전쟁터에 대한 기억처럼 아득하게 느껴지듯이, 은퇴 후에는 사회적 성공이나 돈에 대한 생각도 바뀌어 그런 것들이 인생의 전부가 아니라는 것을 느낄 것이다. 가장 중요한 것은 내 앞에 가장 가까이 있는 사람, 배우자와의 관계이다. 즉 부부관계가 새삼 중요하게 다가온다.

만일 부부 사이가 좋다면 새로운 환경에 대한 적응은 쉽고 삶은 풍요롭다. 모처럼 얻은 휴가이니만큼 즐거움도 더해진다. 그러나 부부 사이가 좋지 않다면? 그때부터는 정말 고역이다. 은퇴로 인한 여러 가지 위기는 더욱 심각하게 다가온다. 그토록 열중했던 일도, 완충 역할을 하던 자녀도 더 이상 가까이 있지 않다. 그렇다고 이제 와서 휴가를 반납할 수도 없는 노릇이다.

참 아이러니한 것은 나이 들수록 부부관계가 여자들보다 남자들에게 점점 더 중요해진다는 사실이다. 여자들은 결혼 초기와 중년기 전반에는 남자보다 더 부부관계를 중시하지만, 세월이 지나는 동안 점점 더 바깥 세계로 향한다. 반면 남자들은 나이가 들수록 점점 안으로, 내면으로, 집으로 돌아오고 싶어한다. 그러나 아내는 어느새 저 멀리에 있다.

뒤늦게 아내에게 비위를 맞추려고 애교를 떠는 남편에게 아내는 매몰차게 쏘아붙인다.

"그렇게 같이 놀아달라고 할 때에는 모른 척하더니, 이제 와서 재미하나 없는 당신과 놀란 말이에요?"

황혼이혼을 주도하는 사람이 대부분 여자라는 것은 결코 우연이 아니다. 나는 우리나라 남자들이 가정에 소홀하고 일과 돈에 그토록 열중하는 것을 자신만의 이기적인 욕심 때문이라고는 보지 않는다. 일터에서 남자의 삶은 때로는 장엄하기까지 하다. 오죽하면 중년 남자의 사망률이 그토록 높겠는가. 하지만 우리나라 남자들은 가족은 중시하지만, 부부관계를 너무 과소평가하는 경향이 있다. 중년의 남자들은 아내를 아이들의 어머니로만 보는 경향이 농후하다. 놀 때는 아내가 아닌 '여자'하고 논다. 그러나 은퇴 후 나이가 들면 '여자'는 가고, '아내'만 남는다.

❖ 부부, 함께 노는 연습

서구의 노년학자들은 노인부부 결혼만족도가 결혼 초기의 적응과 밀접한 관련이 있다고 말한다. 결혼에 만족한다고 응답한 거의 대부분의 노인이 원만한 결혼관계에 대해 나름의 자부심을 가지고 있다는 것이다. 그들 중 반 이상은 노년기에 더욱 만족스럽게 결혼생활을 하고 있으며, 불만족한 경우의 반 이상은 더욱 악화되었다고 지적했다. 부부 간의 성역할 분담 태도도 중요하다. 부부가 평등한 관계에서 역할을 분담하고, 동료애가 높을 경우 결혼만족도는 당연히 높아진다.

앨포드-쿠퍼F. Alford-Cooper는 은퇴한 남편이 긍정적 자아개념을 유지할 수 있도록 부인이 지지하고 동반자적인 관계를 형성할 때와 부부가 함께하는 시간이 많고 평등한 관계를 유지할 때 결혼만족도가 높아진다고 주장한다.

그런데 우리나라 중년 부부들은 어떤가? 한마디로 '따로따로'에 너무나 익숙하다. 자녀교육을 위해서라면 부부가 다른 도시, 다른 나라에 떨어져 사는 것도 기꺼이 감수할 정도로 각자 맡은 바 전력투구할 뿐 자녀를 함께 키우는 과정을 함께 즐기지 않는다. 심지어는 일년 중에 모처럼 얻은 짧은 휴가도 각자 맡은 책임을 완수하며, 일하듯이 보낸다. 그렇게 오랫동안 따로 지내다 보니, 시간이 흐를수록 함께 공유할 것이 많지 않다.

우리나라의 이혼율이 OECD 국가 중에서도 1, 2위를 다툴 정도로 급격히 증가하고 있지만, 무엇보다 심각한 것은 황혼이혼이 증가하고 있다는 사실이다. 통계청의 인구동향조사에 따르면, 65세 이상 노부부의 이혼 건수가 2000년 1,354건에서 2008년 4,409건으로 3.3배나 증가했다.

또 최근의 《헤럴드경제》(2011년 12월 26일자)조사에 의하면, 2010년에 처음으로 서울시 거주자의 황혼이혼이 신혼이혼을 추월한 것으로 나타났다. 결혼 후 4년 이내에 이혼한 비율은 1990년에 38.3퍼센트에서

2010년 25퍼센트로 줄어든 반면 동거기간이 20년 이상 된 부부의 이혼율은 같은 기간에 6.6퍼센트에서 27.3퍼센트로 크게 증가한 것이다. 이제는 부부를 인생의 '영원한' 동반자가 아니라 '한때의' 동반자라고 불러야 할지도 모르겠다. 자녀의 결혼식을 마치고 신혼여행을 떠나보낸 후 부부가 공항에서 헤어진다는 '나리타의 이별'이 비단 일본만의 이야기일까? 머지않아 '인천공항의 이별'이라는 말이 흔해질 예감이다. 혹은 퇴직한 직후, 연금을 반으로 나누는 조건으로 이혼하는 '연금이혼'이라는 신조어도 생길지 모르는 일이다.

따라서 황혼이혼을 겪지 않으려면 미리미리 노력해야 할 것이다. 그러기 위해서는 부부가 서로 대면하는 기회를 많이 가져야 한다. 은퇴와 노년이라는 즐거운 휴가를 맞았을 때, 이미 너무나 멀어진 사이를 고통스럽게 발견하곤 헤어지는 프랑스 부부처럼 되지 않기 위해서는 둘 사이의 관계를 미리미리 점검해볼 필요가 있다. 나중에 자녀들이 모두 결혼하여 둘이서만 남게 되었을 때, 무슨 말을 해야 할지, 무얼 하며 시간을 보내야 할지 당황해하지 않도록. 긴장과 갈등만이 남지 않도록 말이다.

그렇게 직면한 결과, 당신의 결혼생활에 아무 희망이 없다고 판단이 서면, 나이를 의식하지 말고 이혼하라. 나이 드는 게 좋은 이유는 남을 의식하지 않을 자유를 마음껏 누릴 수 있다는 점이다. 그러나 조금이라도 희망이 있다고 생각되면, 지금부터라도 함께 노는 연습을 하자.

무얼 하며 노냐고? 그건 두 분이 함께 알아서 개발하시라. 단, 휴가 기간이 당신의 예상보다 훨씬 길어진다는 점을 염두에 둔다면, 노는 프로그램도 충분히 다양해야 할 것이다.

• 황혼이혼? 언젠가는 우리 인생에 닥쳐올 예고 없는 파도다.
  강 건너 불 보듯 하지 말고 부부가 함께 공유할 수 있는 공통분모를 찾아보자!
  노력하는 자만이 답을 얻을 수 있을 것이다!

03 여자들의 이동능력, 남자들의 요리능력 :

아직도 요리를
못하십니까?

나이 듦에 따라 변해야 하는 것이 한두 가지가 아니다. 남자와 여자가 바뀌어야 할 한가지씩
만 들어볼까? 죽는 날 까지 많이 보고 듣고 즐기기 위해 여자들은 많이 걷고 운동하여 튼튼한
다리와 허리를 만들자. 남자들은 어떤가……. 이제 그들에게 요리는 선택이 아니라 필수다.
아내를 평생 고용한 요리사라고 생각하지 말고 아내와 함께 음식을 만드는 남편이 되어보자!
생각이 바뀌면 행복은 그만큼 더 가까워진다

노년학자들은 노인의 행복감이 이동능력과 상관관계가 높다고 보고한다. 즉 노인이 되면 이동능력을 갖춘 사람일수록 행복하다고 느끼지만, 그런 능력을 상실한 경우에는 불행해질 수밖에 없다는 것이다. 충분히 수긍이 가는 말이다.

특히 다리와 허리는 노년의 삶의 질에도 엄청난 영향을 미친다. 생각해보라. 젊을 때는 다리나 허리를 다친다 해도 금방 낫기 때문에 큰 문제가 되지 않는다. 하지만 노인이 허리나 다리를 다치면 외출을 못하게 되고, 이에 따라 신체 기능이 점점 약화할 뿐 아니라 우울증이 오기 쉬우며, 우울증은 결국 수명을 단축시킨다. 우리 할머니도 다리가 아파서 밖에 나가지 못하게 되면서 치매가 오고, 그리고 얼마 후에 돌아가셨다. 따라서 노인이 허리나 다리를 다치는 건 치명적이다. 예전에야 나이들면 집 안에서만 이동하면 되었을지 모르지만 요즘은 그렇지 않다. 세상은 넓고 할 일과 볼거리도 많지 않은가.

❖ 여자들이여, 건강한 다리를 위해 아낌없이 투자하라

특히 여자들은 건강한 다리를 갖고자 노력할 필요가 있다. 노인의 삶의 질에 관한 대부분의 연구들에서 '여자 노인의 삶의 질이 남자 노인에 비해 훨씬 낮은 것으로 나타난다'라는 사실을 알았을 때, 처음에는 '뭔가 잘못된 것 아닐까?' 라고 생각했다. 평소에 가족 내에서나 친구 관계에서 '여자들이 남자보다 더 잘 적응하고 더 행복해 보인다'라고 생각해왔기 때문이다. 그런 이유로 여자가 남자들에 비해 더 오래 사는 건 아닐까 하고 말이다.

하지만 여러 연구 결과들에 의하면, 여자 노인의 삶의 질을 떨어뜨리는 가장 중요한 원인은 바로 건강 문제에 있는 것으로 나타났다. 특히 신경통과 관절염, 골다공증처럼 비록 생명을 직접 위협하지는 않지만, 삶을 재미없게 하는 질병들이 문제였던 것이다. 그래서 우리나라 여자들은 남자에 비해 6~7년 정도 평균수명이 길지만, 아픈 다리나 허리를 안고 오래 사는 경우가 많은 것이다.

그래서 여자들일수록 더욱더 다리와 허리와 신경을 써야 한다. 나이 들수록 점점 더 바깥세상에 관심이 많아지고, '관계'를 소중히 여기는 여자들이 아닌가. 다리가 아파서 마음대로 나가지도 못하고 만나고 싶은 사람도 만날 수 없다면……, 그야말로 '살맛'이 줄어들 것 같다.

따라서 여자들은 다리와 허리에 관한 투자를 아끼지 말아야 한다. 매일 걷고 등산도 하고, 가능하면 대중교통을 이용하자. 나이 들수록 명품 핸드백보다는 '건강한 다리'에 더 '사치'를 부려야 한다. 하기야 이런 생각을 하는 사람이 나만은 아닐 것이다. 일본에서 시작되어 전 세계적으로 폭발적인 인기를 얻고 있는 여성전용 헬스클럽 '커브스Curves'가 우리나라에도 상륙하여 역시 돌풍을 일으키고 있다는 소식이 들려온다.

일본의 커브스 이용자 평균 연령은 50세지만, 60~70대의 참여도 꾸준히 늘고 있다고 한다. 특히 '커브스'가 중장년층 여성에게 인기가 좋은 이유는 커브스가 내세우고 있는 '3 No M'전략 때문이다. 즉 남자(Men)가 없고, 화장할 필요가 없고(No Make-up), 거울이 없다는 것(No Mirror). 젊은 여자들은 어떨지 모르지만, 중장년층 이상의 여자들은 남자나 메이크업, 거울처럼 불편하고 거추장스러운 것은 최대한 배제한 채 자유롭게 운동하기를 원한다는 사실을 반영한다. 중장년층 여자들의 심리를 정확하게 파악한 흥미로운 전략이라고 생각된다. 도호쿠대학 스마트에이징 연구센터의 무라타 교수에 의하면, '커브스'는 2000~2004년도의 최단기 성장 프랜차이즈 기업이며, 세계 최대의 헬스클럽으로 기네스북에도 등록될 정도로 성공을 거두었다고 한다. 여자들의 건강과 삶의 질을 위해서라면, 이런 식의 실버산업은 많이 발전해도 좋을 것이다.

지방자치단체들도 여자들을 위한 '걷기프로그램'에 좀 더 신경을 써주길 바란다. 몇 년 전에 파리의 한 구청을 방문했을 때, '노인을 위한 걷기프로그램'이 있는 걸 발견하곤 '아 그래, 바로 저거야!' 하고 감탄했었다. 구청에 비치된 안내서에는 이렇게 쓰여 있었다.

"시니어 여러분! 걷고 싶은 사람은 모두 하루에 두 번, 오전 10시 혹은 오후 2시에 ○○공원 정문으로 나오세요. 우리 함께 즐겁게 걸어보아요."

아름다운 공원이나 고궁에서 노인들이 삼삼오오 줄을 지어 한가로이 걷는 모습을 상상해 보라. 멋지지 않은가? 혼자 걷는 것도 물론 좋지만, 모르는 사람이라도 서로 친구가 되어 같이 걷는 것도 좋은 일이다. 쓸쓸하지도 않고, 또 새로운 친구도 사귈 수 있으니 말이다. 지방정부

입장에서도 적은 비용으로 노인들의 건강도 돌보고, 우울증도 줄이고, 노인들 표도 얻고……. 얼마나 남는 장사인가.

❖ 요리하는 남편! 나 자신을 위해 부엌으로 달려가자

그런데 여자들의 이동능력만큼 중요한 것이 남자들의 '요리능력'이다. 요리할 줄 아는 남자와 그렇지 못한 남자들의 노년은 하늘과 땅 차이이다.

일본 작가 사하시 게이조가 지은 《할아버지의 부엌》이라는 책이 있다. 집안일은 여자만이 하는 것으로 알고 83년간 살아온 할아버지가 아내의 죽음 이후 스스로 집안일을 배우면서 새로운 삶에 적응하는 과정을 그린 책이다. 이 책을 읽으면서 독자들은 노년에도 홀로서기가 필요하다는 깨달음과 함께, 남자들에게 부엌일을 통한 홀로서기가 얼마나 중요한지 새삼 느낄 수 있을 것이다. 특히 책 뒷부분에는 이 책의 출판 후 일본 각지에서 날아온 독자편지를 통해서 늙어서 밥 짓고 빨래하면서 혼자서 살아가는 80~90대의 '부엌할아버지'들을 작가가 직접 만나서 취재한 내용도 포함되어 있어 흥미로웠다.

이 책이 쓰인 1980년대 초반의 일본 노인인구 비율은 10퍼센트에 조금 못 미치는 수준이었다. 현재 우리나라 노인인구 비율보다 약간 낮은 수준이다. 우리나라에서는 아직 홀로 사는 여자 노인들이 절대다수지만, 앞으로는 홀로 사는 남자 노인도 늘어날 것이고, 남자들의 홀로서기를 위한 부엌일의 중요성도 크게 대두될 것이다.

그런데 이상하지 않은가? 왜 꼭 '할아버지'의 부엌이어야 하는가? 부엌은 할아버지가 되기 전, 말하자면 인생의 어느 시기에도 중요한 곳이다. 또 부엌이란 이 책의 할아버지처럼 아내가 죽은 후 홀로 되어서만 들어가는 곳이 아니다.

나는 남자들도 일생 부엌과 친해져야 하며, 늦어도 중년기가 되면 요리 실력까지 갖춰야 한다고 생각한다. 혹시 퇴직하면 그때부터 요리를 배우겠다고 생각하는가? 그 심정이 이해는 가지만, 그리 간단한 문제는 아니다.

57세에 예상보다 일찍 퇴직한 J씨는 '사막의 모래바람처럼 황량한' 퇴직생활의 어려움에 대해 솔직한 심정을 토로했다. 그런데 그중에서도 특히 힘든 건 '혼자 밥 먹는 일'이라고 했다. J씨는 7시쯤 일어나 요가와 운동을 한다. 그리고 10시쯤 아내와 함께 늦은 아침 식사를 한다. 그러고 나면 아내를 찾는 전화가 여기저기서 걸려오고 아내는 외출준비를 시작한다. 결국, 점심은 거의 매일, 그리고 저녁은 자주, 혼자 먹게 되는 것이다. 그는 말한다.

"요즘 여자들은 밥하는 걸 무척 싫어해요. 심지어 자식들이 오는 것도 밥해주기 부담스럽다고 싫어할 정도예요."

J씨는 그렇다고 아내를 이해하지 못하는 것도 아니고, 아내의 외출

을 말릴 생각도 없다고 했다. 대부분 자기 쪽에서 먼저 "저녁도 먹고 잘 놀다 오라"고 말하는 편이다. "이제 와서 아내와 잘 못 지내봤자 결국 내 손해"라는 걸 잘 알기 때문이라고 덧붙였다.

하지만 그에게 고역은 혼자 밥 먹는 것이었다. 생전 들어가지 않던 부엌에 들어가서 주섬주섬 먹을 것을 챙기는 자신의 모습이 서글프게 느껴진다. 친구들도 대부분 비슷한 처지여서 요즘 들어 "밥 먹었니?"라는 전화 인사가 부쩍 늘었다. J씨가 사는 분당에는 중년 후기, 혹은 초로의 남자들이 저녁에 식당에 모여 끼리끼리 식사하는 모습을 자주 볼 수 있다고도 했다.

J씨의 얘기를 통해서 오랫동안 여자들만의 영역이었던 '부엌'과 여자들만이 만들어야 하는 것으로 알았던 '밥', 그리고 남편과 아이들이 모두 직장으로 학교로 떠나간 후 '혼자 먹는 밥'이 이제는 남자들에게도 중요한 것으로 부각되었음을 실감했다. 그것들은 마치 인생의 어느 시점에서는 반드시 치르고 넘어가야 하는 숙제이기나 한 것처럼, 결국 모든 사람에게 다가오는 것이다.

요즘 항간에 떠도는 은퇴한 남편에 대한 유머에는 모두 '밥'이 등장한다. 아마도 들은 적이 있을 것이다. 아내에게 눈 똑바로 뜨고 밥 달라고 하는 '간 큰 남자 시리즈'를 포함하여 은퇴한 후에 하루 세 끼를 챙겨 달라고 하는 뻔뻔스러운 '삼식이 시리즈', 급기야 최근에는 세 끼는 물론 하루 종일 간식까지 챙겨줘야 하는 '종간나 세끼'까지 등장했다. 한결같이 '밥'이 문제다.

이 문제를 어떻게 풀 것인가? 평생 고용했다고 믿은 요리사가 나이 들수록 외출도 잦고, 그것도 모자라 여차하면 아주 그만둘 수도 있는 처지이니 어쩌겠는가? 이왕이면 상황을 긍정적이고 적극적으로 받아들이는 편이 현명하지 않을까?

이제 중년 이상의 남자들에게 요리는 선택이 아니라 필수과목이다. 혼자 먹어야 하는 점심 식사를 즐겁게 만들어 맛있게 먹기도 하고, 외출에서 돌아온 아내와 딸에게도 대접한다면? 이런 가정에 황혼이혼이란 없으리라고 확신한다. 설사 이혼 당하거나, 부인과 사별한다 해도 이런 남자는 덜 불쌍하다. 혼자 시장 봐서 맛있는 음식을 만들어 먹을 수 있으니 시간도 빨리 가고 하루가 즐겁다. 게다가 서점마다 잔뜩 쌓인 요리책을 보면서, 혹은 요리 채널을 보면서 새로 음식 만드는 법을 익히는 재미 또한 쏠쏠할 것이다. 가끔 혼자 먹는 게 너무 쓸쓸하게 느껴질 때면 점심 혼자 먹는 친구들을 초대해 음식솜씨도 과시한다. 아마 인기가 하늘을 찌를 것이다.

더 중요한 건 결혼하고 싶지 않거나 맘에 쏙 드는 여자가 없는데도 밥해줄 사람이 필요하다는 이유로 허겁지겁 재혼하는 친구들을 맘껏 비웃어줄 수도 있다는 점이다. 자신이 직접 요리할 수 있다면 '요리사 아내'를 구하는 잘못을 다시는 반복하지 않을 것이다.

나는 제안한다. 이 땅의 남자들의 복지를 위해서 음식 만들기를 가르치는 공적, 사적 프로그램들이 많이 생겨야 한다고. 음식은 삶의 질을 높이는 중요한 수단이며, 요리실습은 많고 많은 평생교육 프로그램 중에서도 가장 유용하고 실용적인 프로그램이 될 것이다. 물론 이 모든 것을 밖에서 배울 필요는 없다. 지금부터 아내와 '함께' 음식을 만드는 남편은 몇 배나 더 현명하다.

사실, 소중한 사람과 나누는 음식은 '음식' 그 이상의 의미를 지니고 있다. 소중한 사람과 함께 나눴던 음식은 오랫동안 우리 마음을 따스하게 한다. 아니, 어쩌면 그들은 음식을 함께 나눴기 때문에 소중한 사람이 되었는지도 모르는 일이다.

작가 레오 버스카글리아 Leo F. Buscaglia의 어머니와 음식 얘기는 언제 들어도 감동적이다. 아버지가 사업에 실패하여 식구들 모두 길거리로 나앉아야 할 형편이 된 어느 날 저녁, 어머니는 잔칫날처럼 푸짐하게 식탁을 차렸다. 식구들은 깜짝 놀라고, 아버지는 "도대체 이게 무슨 짓이오, 당신 정신 나갔소?" 하고 화를 낸다.

그때 어머니는 말한다.

"우리에게 즐거움이 필요한 때는 내일이 아니라 바로 지금이에요. 지금이야말로 우리에게 행복이 필요한 때예요. 그러니까 잠자코 드시기나 하세요."

어디 그뿐인가. 음식은 남을 위로하기도 하고 치유하기도 한다. 호스피스 이야기로 유명한 스즈키 히데코 교수의 책에는 상처받은 사람이나 죽어가는 사람들을 위해 묵묵히 음식을 만들어서 대접하는 어느 아주머니의 얘기가 나온다. 그녀는 누구라도 자신의 집에 머물게 되면, 그 사람의 사연 같은 건 묻지 않는다. 오로지 시장을 봐다가 직접 회를 치고, 매운탕을 끓여서 푸짐한 음식을 만들어 먹일 뿐이다. 그 집에 묵어가는 이들은 맛있는 음식을 먹으며 며칠 푹 쉬고 나면 마음의 상처가 씻은 듯이 나아서 다시 씩씩하게 세상으로 나아간다.

이 글을 읽으면서 고달픈 세상살이에 지쳤을 때 찾아갈 그런 이가 있다면 얼마나 좋을까 아니, 나도 그런 사람이 되어야겠다고 생각했다.

'식탁의 힘'은 이처럼 강하고, 인생의 어느 때라도 중요하다. 게다가 나이 들수록 집에서 밥먹을 기회는 점점 더 늘어간다. 그러므로 우리 모두 이동능력과 함께 요리능력도 갈고 닦아야 한다. 튼튼한 다리로 재래시장을 한 바퀴 돌아 시장도 보고, 맛있는 음식을 만들어서 친구들과 함께 나누는 노년의 모습을 상상해보라. 생각만으로도 즐겁지 않은가?

- 남성들은 부인이 여행을 갔을 때 혼자 뚝딱 요리를 손쉽게 해먹을 수 있는 남편이 되어보자!
- 여성들은 여행지에서 남편의 안부를 물으면서 '다음번엔 꼭 같이 오자'라는 따뜻한 말 한마디 건네보자!

부부관계는 당신 하기에 달려 있다

04 돈과 사랑 구분하기 :

다 쓰고 죽으라

'죽기 전에 이름을 남기고 가라'는 말이 있다. 사실 명예를 남긴다는 것은 생각처럼 쉬운 일이
아니다. 그런데 반드시 남기지 말아야할 것이 있다. 그것은 바로 '돈'……. 피를 섞은 가족도
멀어지게 만든다는 그 '돈'……낭비하면서 흥청망청 다 쓰고 가라는 것이 아니다. 구체적인
실천전략을 세우고 가족과 나 자신을 위해 꼭 써야 할 곳에만 쓰는 현명한 선택이 필요하다

요즘 주변에 "무자식이 상팔자"라고 말하는 사람들이 부쩍 늘었다. 특히 부유한 사람일수록 이런 말을 더 많이 하는 것 같다. 이들은 십중팔구 돈 달라고 조르는 자식들 때문에 속 썩고 있거나 혹은 자녀들에게 어떻게 돈을 물려줘야 할지 심각하게 고민하고 있는 사람들이다.

사실 요즘 주변을 둘러보면, 자녀로부터 '협박' 수준을 넘어서 '경제적 학대'를 받고 있는 사람들도 늘고 있다. 예전의 경제적 학대가 아무것도 가진 것 없는 빈곤층에서 부모를 경제적으로 부양하지 않고 방임하는 것이었다면, 최근의 경제적 학대는 모든 계층에서 일어날 수 있고, 또 일어나고 있다는 것이 나의 판단이다. 오죽하면 항간에 '(자식한테) 안 주면 맞아서 죽고, 반만 주면 졸려서 죽고, 다 주면 굶어 죽는다'는 말이 떠돌겠는가.

❖ 자식을 도울 것인가? 내 삶에 집중할 것인가?

G씨(60세)는 2년 전에 30년간 다니던 회사에서 명예퇴직할 때만 해도 자신의 은퇴 후 생활을 낙관했었다. 40평대의 아파트, 주식과 저축을 가지고 있을 뿐 아니라 아들딸도 모두 결혼시킨 터라 돈 걱정이 없었던 그는 '다 쓰고 죽는다'는 30대부터의 인생철학을 실천하면서 행복하게 살 일밖에 없다고 생각했다.

G씨가 30대에 이미 '다 쓰고 죽겠다'고 결심하게 된 배경에는 집안

의 가슴 아픈 과거가 있었다. 그의 아버지는 변호사였다. 그러나 병약했던 어머니가 사망하자 아버지는 젊은 여성과 재혼했고 곧 이복동생이 태어났다. G씨와 형은 집에 재미를 못 붙이고 밖으로 나돌기 일쑤였지만, 그래도 아버지가 살아 계시는 동안에는 모든 게 평온했다.

하지만 G씨가 서른을 막 넘겼을 때, 암 투병 중이던 아버지가 돌아가시면서 본격적으로 재산싸움이 시작되었다. 아버지는 2년간의 투병 기간이 있었음에도 재산 상속에 관한 한 아무 유언도 남기지 않았다. 변호사였던 아버지가 유서 한 장 남기지 않았다는 사실에 대해 가족과 주변 사람들의 첫 반응은 믿어지지 않는다는 것이었다. G씨 형제는 새어머니를 의심했고, 아버지에 대한 배신감에 몸을 떨었다. 그러나 그건 새어머니도 마찬가지였다.

아버지의 사망 이후에 닥쳐온 길고 지루한 재산싸움과 법정 투쟁, 그 과정에서 쓰러진 형의 갑작스러운 죽음, 그리고 새어머니 및 이복동생과의 불화와 의절 등 힘겨운 과정을 거치고 난 후에야 비로소 G씨는 아무런 유언도 남기지 않은 아버지의 마음을 조금이라도 이해할 수 있었다. 아버지는 그가 남긴 재산 때문에 가족 간에 갈등이 일어날 것이라고 정확하게 예측했고, 자신이 아무리 완벽하게 유언장을 쓴다고 해도 마찬가지로 싸움이 일어날 것이고, 티끌만 한 차별에도 모두 섭섭해할 것임을 정확히 알고 있었던 것이다.

그러나 '법대로' 재산을 분배하는 과정에서도 싸움은 있었다. 그건 돈과 욕심 때문이었지만, 그것만으로는 설명할 수 없는 부분, 즉 아버지가 누구를 더 사랑했는가에 대한 일종의 경쟁심리 같은 것도 분명히 작용하고 있었다. 새어머니와 형은 각각 자신에게 재산 대부분이 오기를 기대했고, 그러면 자신이 잘 알아서 섭섭지 않게, 공평하게 재산을 분배할 텐데 그런 권한(정확히는 재산)을 주지 않은 아버지를 원망했다. 그러나 법적인 유산 분배가 채 끝나기도 전에 G씨의 형은 뇌출혈을 일으켰고, 결국 세상을 떠났다.

30대 초반에 아버지의 죽음, 그리고 재산싸움과 법정 투쟁 와중에 일어난 형의 죽음까지 겪은 G씨는 돈을 많이 벌고도 죽어서도 좋은 소리 못 들은 아버지와는 다른 인생을 살겠다고 결심했다. 자신은 생전에 돈을 잘 쓰고 죽은 사람이었다는 소리를 듣고 싶었다. 실제로 그는 자식들에게나 친구들에게 인색하지 않게 돈을 쓰면서 살아왔다. 이제 남은 것은 G씨 부부가 '다 쓰고 죽는' 일뿐이었다.

그러나 G씨의 장밋빛 꿈은 퇴직한 직후 곧 깨지고 말았다. 그가 퇴직하자마자 재미가 없다면서 멀쩡한 회사를 그만둔 아들이 사업한답시고 돈을 빌려달라고 했다. 처음에는 그래, 아들이 처음으로 하는 부탁이니 한번 도와주자는 마음에, 마침 손에 쥐고 있던 퇴직금도 있던 터라 매달 100만 원씩의 원금과 약간의 이자를 받는 조건으로 채무이행서에 도장까지 받고는 2억 원의 돈을 빌려주었다. 하지만 아들로부터 원금과 이자가 송금된 건 고작 석 달, 그다음부터는 아무 소식이 없었다. 더 충격적인 건 "왜 돈 안 보내느냐?"며 소리치는 G씨에게 "아니, 노인네가 무슨 돈이 그렇게 필요해요? 그 돈은 상속 처리한 걸로 하세요"라며 오히려 큰소리치는 아들의 태도였다. 며느리는 며느리대로 당신 아들이 고생하고 있는데 왜 돈을 내놓지 않느냐며 원망하는 듯한 눈치였다. 그렇다고 이런 일을 딸과 의논할 수도 없었다. 아내로부터 자초지종을 전해 들은 딸이 "왜 오빠한테만 돈을 빌려주는 거야? 우리도 어려운데"라며 울더라는 말을 듣고 G씨는 할 말을 잃고 말았다.

G씨는 크게 충격을 받았다. 자신은 아버지를 닮지 않으려고 무척 노력했고, '다 쓰고 죽자'며 큰소리쳤지만, 다 쓰고 죽는다는 것이 말처럼 그렇게 쉬운 일이 아니라는 걸 실감했기 때문이다. 자신의 다 쓰고 죽는다는 신념이 구체성과 현실성이 부족한 하나의 구호였을 뿐이라는 반성도 해보았다. 나이 탓인지, 아들한테 돈과 집을 다 뺏기고는 친구들에게 손을 벌리면서 근근이 살아가다가 결국 아파트에서 투신자살했던 선배 부부의 비극적인 사건도 떠올랐다. 더 괴로운 건 지난 몇 달간 그의 자존심이 여지없이 무너졌다는 사실이었다. 마치 자신의 인생 전체가 실패인 듯 여겨지고 자꾸 우울해지는 것이었다.

G씨의 사례는 돈을 벌기도 어렵지만 쓰기도 어렵고, 돈을 주기도 어렵지만 그렇다고 돈이 있으면서도 주지 않는 건 더 어렵다는 사실을 잘 보여준다. 돈은 누구에게나 항상 부족하고, 받는 사람의 입장에서는 섭섭하고 아쉬우며, 주는 사람으로서는 뺏기는 기분이 드는 그 무엇이다.

그래서 우리는 돈 앞에서, 가족 앞에서 항상 겸손해야 하는 모양이다. 누가 뭐래도 나만은, 혹은 내 자식만은 돈 앞에서 의연할 수 있다고 자신해서는 안 되며, 돈을 둘러싼 치열한 싸움이 우리 집에서만은 일어나지 않을 것이라고 기대해서도 안 된다.

위와 같은 돈의 속성, 그리고 가족의 중요성을 고려한다면, 돈으로 인한 가족 간 갈등에 대해 그 누구도 최선의 완벽한 해결책을 찾기는 쉽지 않을 것이다. 나는 G씨도, '자신의 삶의 질을 포기하고 자식들을 도울 것인가? 아니면 자식들과의 관계를 냉정하게 잘라버리고 내 삶에만 집중할 것인가?' 라는 양자택일적인 사고에서 벗어나야 한다고 본다. 무엇보다도 만병통치약을 찾고 싶다는 욕심부터 버려야 한다고 생각한다. 그럴수록 자존심만 상하고, 자식에 대한 분노만 커지고, 결국 불행해질 것이기 때문이다. 그보다는 돈의 속성과 자신의 한계를 이해하고 받아들이며, 돈이 자신과 자식과의 관계에 미치는 부정적인 영향을 최소한으로 줄이기 위해 노력해야 할 것이라고 생각한다.

❖ 돈에 대해 솔직한 당신의 태도는?

그래서 다음과 같은 차선의 해결책을 제안한다. 먼저, 이제부터라도 돈에 대해 솔직하게 대화하는 분위기를 조성하되 소유권은 분명히 해야 한다. 우리는 돈에 대해 이중적인 태도를 보이는 경향이 있다. 돈을 매우 좋아하고 돈에 집착하면서도 드러내놓고 노골적으로 말하는 데 대해서는 거부감을 가진다. 돈은 너무나 예민한 폭탄 같아서 잘못 건드리면 모든 게 날아가버린다고 생각해서일까? 하지만 그 폭탄이 평생 잠자고 있으리라는 법은 없다. 그것이 어느 날 터질 수도 있는 시한폭탄이라는 사실을 인정한다면, 돈에 대해 좀 더 드러내놓고 노골적으로, 분명하게 말해야 한다.

그리고 G씨는 아들과 함께 돈에 관해 솔직하게 대화하는 과정에서 돈의 소유권을 분명히 하고, 부모로서 할 수 있는 것과 할 수 없는 것을 명확히 해야 한다. G씨 부부의 앞으로 남은 삶의 존엄성과 돈에 대한 권리가 그 무엇보다 우선되어야 한다는 점도 명확히 밝혀야 한다. G씨가 우선 자신의 태도를 분명히 하고 명확한 태도를 보여야만, 아들 또한 막연한 기대감과 환상에서 벗어나서 더욱 현실적인 대안을 마련할 수 있을 것이다.

둘째, 가족관계에서 돈과 사랑을 구분하려는 노력이 필요하다. 돈으로 사랑을 표시하는 것은 미성숙하고 자신감 없는 행위이며, 돈 때문에 서로 미워하고 싸우는 것은 슬픈 일이다.

전문가들은 재혼하는 커플의 경우 각자 결혼할 당시 가지고 있던 자신의 재산, 그리고 결혼하고 나서 생기거나 모은 재산에 대한 사용처를 분명히 정하고 재혼상대의 동의서도 남기는 편이 좋다고 조언한다. 그래야만 결혼생활을 유지하는 동안 서로의 감정에만 충실할 수 있다는 것이다. 즉 돈 때문에 싸운다거나 돈 때문에 불행한 결혼생활을 유지할 가능성을 미리 줄이는 것이다.

글쎄, 재벌이나 유명 연예인도 아닌 보통 사람, 그것도 부모와 자식 간에 실제로 이런 식의 동의서를 작성할 수 있을지는 의문이다. 하지만 돈이 가족관계에 미치는 부정적 영향을 최소화할 수만 있다면, 각 가족의 상황에 맞도록 동의서를 작성하는 것도 바람직한 방법이라고 생각한다. 이런 방법을 통해서라도 서로의 존재가 돈보다 더 소중하다는 것, 그리고 함께했던, 혹은 앞으로 함께할 시간이 돈보다 더 소중하다는 사실을 확인할 필요가 있다.

G씨 또한 아무리 부모 자식 간이지만, 사랑은 사랑이고, 돈은 돈이라는 것을 분명히 하고, 애매함을 뛰어넘어 상호 합의에 도달하도록 노력해야 한다. '돈은 줄 수 없지만 부모 자식 간의 좋은 관계는 유지하고 싶다'라는 태도를 지켜야 한다.

셋째, 다 쓰고 죽기 위한 구체적인 실천전략을 모색할 필요가 있다. 전문가들은 60대가 되면 가지고 있던 모든 재산을 연금 형태로 전환해 죽을 때까지 돈 떨어지는 일이 없도록 하는 것이 좋다고 충고한다. 즉 부동산이나 주식 등의 재산을 매달 지급되는 연금으로 전환해 본인의 삶의 질을 향상하는 데 사용하라는 것이다. 이러한 충고는 G씨에게도 유용하다. G씨 또한 부동산 등 재산을 지키려고 애쓰기보다는 가능하면 모든 재산을 매월 지급되는 수입원으로 전환해 노후생활의 질을 높이며, 여유가 있다면 자녀(혹은 손자녀)들에게도 장기적으로 도움이 되는 무언가(손자녀의 대학등록금 같은 것)를 베푸는 편이 낫다고 생각한다. 2007년부터 우리나라에서도 시행되고 있는 주택연금제도를 통해 현재 사는 아파트를 담보로 매달 연금을 지급받는 것, 혹은 종신형 즉시연금이나 용돈펀드에 가입하는 것 또한 G씨가 이미 결심했던 '다 쓰고 죽는 삶'의 구체적인 실천방법이 될 것이다.

그리고 이왕 다 쓰고 죽는다는 말이 나왔으니까 하는 말이지만, 다 쓰고 가야 할 것이 돈만은 아닌 것 같다. 내가 가진 재능, 강점, 잠재력, 각종 자원, 그리고 사랑의 능력도 모두 아끼지 말고 남김 없이 다 쓰고 죽어야 한다. 이런 것들이야말로, 돈과는 달리, 쓰면 쓸수록 커지는 것이니까.

노인 한 명이 죽는 건 도서관 한 개가 없어지는 것과 같다는 말이 있다. 노인의 죽음과 함께 이 세상에서 아주 사라져버리고 마는 재능과 지혜에 대한 안타까움을 표현하는 말이다. 할머니가 돌아가셨을 때, 친척 아주머니가 "아유, 그 좋은 솜씨 나나 주고 가시지"라며 애석해하는 걸 보았다. 그때 어린 마음에, 죽기 전에 자기가 가지고 있는 모든 능력과 경험, 지혜를 다 나눠주고 가는 '행사' 같은 걸 하면 어떨까, 라고 생각했었다. 인제 보니, 그건 죽기 전에 스스로 수행해야 할 또 하나의 과업이 아닐 수 없다.

아, 다 쓰고 죽어야 할 것도 많고, 죽기 전에 나눠야 할 것도 많고……, 참 할 일이 많다.

- 자식을 맹목적으로 도우려는 마음은 버리자
- 돈에 대해서 솔직해지고 가족과는 별개로 은퇴 후 알차게 소비하는 계획을 짜보자!

05 가족 사랑의 기술 :
'나 전달법'과
'경계 지키기'

사람들은 사랑이라는 미명 아래 서로를 아프게 하고 기대를 저버린다. 가족은 더 그렇다. 자녀들이 나이 들수록 가족관계에서의 의사소통은 단절되기 일쑤다. 가장 사랑하는 사람이 가장 아프게 한다. 이런 가슴 아픈 일을 없애기 위해 '나 전달법'을 제안한다. 가족원 간에 느낌과 생각을 솔직하고 자유롭게 표현해야 한다. 불만을 마음에 담아두지 말자. 서로를 들여다 볼 수 있어야 온 가족이 행복할 수 있다가족 간의 사랑에도 기술이 필요한가? 말하자면 가족 간의 사랑을 키우고 지키기 위해서도 지식과 노력이 필요할까? 나의 대답은 '매우 그렇다'이다. 가족 간에도 사랑의 기술은 필요하다. 때로는 의사소통 기술이 필요하고, 또 때로는 가족으로부터 자신을 지키는 기술도 필요하다.

❖ 나 전달법
– 온가족 의사소통 기술

작년 여름에 뉴욕에서 보름 동안 머무는 동안 나는 '애완견에 대한 뉴욕 시민들의 사랑이 점점 더 커지고 있구나' 라는 인상을 강하게 받았다. 그 더운 여름에 애완견이라고 하기에는 지나치게 큰 개를 두 마리씩 데리고 그 복잡한 맨하탄 거리를 활보하는 모습, 새로 생긴 멋쟁이 빌딩의 1층 한가운데에도 애완견을 위한 액세서리 가게가 자리 잡고 있는 모습이 현대인의 고독한 삶의 한 단면을 보여주는 씁쓸한 상징처럼 느껴졌다.

사실 모든 생명체는 아름답고 사랑스럽다. 그리고 아무도 사랑하지 않는 것보다는 애완견이라도 사랑하는 편이 나을 것이다. 하지만 나는 '애완견에 대한 사랑도 사랑이라고 말할 수 있을까?'라는 의문을 가질 때가 많다. 애완견처럼, 나에게 100퍼센트 충성하고 마음도 변하지 않는 대상을 좋아하는 건 너무나 쉬운 일이라고 생각하기 때문이다. 물론 '반려'의 역할을 톡톡히 하는 경우도 많고, 요즘엔 자기가 사람인 줄 착각하는 강아지들도 많지만, 대부분의 길들여진 애완견은 '대화'와 '소통'을 위해 별도의 노력을 요구하지 않는다. 과연 이런 것도 사랑이라고 말할 수 있을까?

인간은 애완견과 너무나 다르다. 충성은커녕 끊임없이 우리를 아프게 하고, 거의 언제나 기대를 저버린다. 가족은 더 그렇다. 가장 사랑하는 사람이 가장 아프게 한다. 게다가 인간과의 사랑은 항상 움직인다. 한번 사랑했다고 해서, 한때 사랑했다고 해서 그 사랑이 변함없이 지속하리라고 기대한다면 착각 중의 착각이다. 따라서 인간, 특히 가족을 사랑하기 위해서는 다양한 지식과 기술, 노력이 필요하다. 대화와 소통의 기술도 필요하다.

나 전달법은 가족 간에 느낌과 생각을 솔직하고 자유롭게 표현하는 데 효과적인 의사소통 기술이다. I-message의 반대는 You-message로서 문제의 원인이 상대방에게 있다고 보고, 상대방을 비난하고 공격하는 것이다. 즉 '당신은 나쁜 사람이야' 라고 표현하는 것이다. You-message를 자주 사용하는 것은 가족 간의 대화와 소통에 방해가 된다. 가족 중 누구에게 잘못이 있는 것이 분명하다고 해도 해고나 감봉을 할 수도 없는 일이며, 맘에 안 든다고 가족원을 바꿀 수도 없는 노릇이기 때문이다. 반면 I-message는 상대방으로 인해 마음의 평화가 깨졌을 때 '나'를 주어로 하는 의사 전달법이다. 그러나 '나'를 주어로 한다고 해서 모두 I-message가 되는 것은 아니다. "나는 당신이 무서

위", "나는 너 때문에 너무 힘들어"와 같은 표현은 사실은 '당신은 (나를 괴롭히는) 무서운 사람이다', '너는 나를 힘들게 하는 (몹쓸) 사람이다' 라는 표현과 다르지 않아서 You-message에 가깝다.

"몹시 속상했다", "화가 솟구친다" 등 자신의 감정만 장황하고 모호하게 표현하는 방식도 의사소통에 도움이 되지 않는다. 상대방은 나의 기분이 나쁘다는 감정은 정확히 알 수 있지만, 자신이 왜 그런 감정을 일으켰는지에 대한 이유를 알 수 없어서 잘못된 행동을 수정하기 어렵다. 게다가 뚜렷한 이유도 없이 죄책감이나 저항감을 유발하는 말은 파괴적이며 오랫동안 상처를 남기기 쉬우므로 주의해야 한다.

올바른 I-message가 되기 위해 갖춰야 할 3대 요소는 다음과 같다.

1) 나를 괴롭히는 상대방의 행동을 비난 없이 서술한다
2) 상대방의 행동이 나에게 미치는 영향을 구체적으로 서술한다
3) 이때 내가 느끼는 감정을 상세히 표현한다

예를 들면, 생일이라 먹을 것도 준비하고 모처럼 즐겁게 지내려고 잔뜩 기대하고 있는데 아무 연락도 없는 아들 부부에게 이렇게 말하는 것이다. "너희가 올 줄 알고 기다렸는데 전화조차 안 하니까(상대방의 행동) 정성껏 준비해놓은 음식이 그대로 남아서 처치곤란이고(내게 미치는 구체적 영향) 나이 때문인지 더 서운하게 느껴지는구나(내가 느끼는 감정)."

전문가들은 I-message를 사용하기 위해서는 먼저, 자신의 감정이

무엇인지를 정확히 알아야 한다고 강조한다. 즉 '내가 화가 났나?' 혹은 '뭔가를 두려워하고 있나? 걱정스러운가? 우울한가?'에 대해 자문해야 한다는 것이다.

자신의 감정을 정확히 안다는 게 쉬운 일 같지만 그렇지 않다. 나만 해도 속상하거나 불안한 감정을 받아들이지 못하고 자신을 속였던 적이 얼마나 많았는지 모른다. 화내야 하는 바로 그 순간을 놓치고 잠 못 이루며 후회한 적도 많고, 꾹꾹 눌러왔던 감정이 어느 순간 물 한 방울과 같은 사소한 일 때문에 폭발해버리는 '감정의 물병 법칙' 때문에 많은 것을 잃어버리는 시행착오를 겪기도 했다.

문제를 해결하기 위해서는 자신의 감정을 있는 그대로 느끼도록 노력하고, 그것이 긍정적이든 부정적이든 소중히 여겨야 한다. 가족 안에서도 마찬가지다. 아니 가족이기 때문에, 더욱더 감정에 솔직해야 한다. 싫어도 좋은 척, 대범한 척, 섭섭하지 않은 척하는 데에는 한계가 있기 때문이다.

I-message는 가족 간의 진정한 교류와 대화를 가능케 할 뿐만 아니라 상대방의 행동이 나에게 준 '구체적인 영향'이 무엇인지를 곰곰이 생각하게 한다. 그러다 보면 의외의 소득이 생길 때도 있다. 상대방의 행동 때문에 화가 난 건 사실인데, 막상 그 행동의 '구체적인 영향'이 생각나지 않아서 픽 웃어버리고 화내기를 멈추는 경우가 그러하다. 예를 들면 자신이 추천한 브랜드의 물건을 사지 않고 다른 것을 구입한 아들 때문에 화가 난 아버지가 있다고 치자. 그가 I-message를 통해서 자신

의 감정을 전달하기 위해서는 아들이 다른 브랜드의 물건을 구입하여 자신에게 미친 '구체적인 영향'을 찾아야 한다. 그런데 아무리 생각해봐도 이 사건이 자신에게 미친 구체적인 영향이란 왠지 무시당한 듯한 느낌이 든다는 정도일 뿐, 아들이 다른 물건을 샀다고 해서 자신이 손해를 보거나 괴로울 일은 없다는 결론에 도달하는 것이다. 결국, 화도 풀리고 만다.

물론 I-message라고 해서 모두 부정적인 감정만을 다루는 것은 아니다. 긍정적인 I-message도 있다. 기분이 좋고 관계가 좋을 때 긍정적인 의사표시를 하는 것이다. 가족의 호의나 선물에 대해서 "내가 사랑받고 있다는 걸 느끼니까 행복하고 힘이 난다"라고 말하는 식이다.

❖ 경계 지키기
– 가족의 위협으로부터 자신을 보호하는 방법

2000년대 초반 일본 내에서도 노인의 자살률이 가장 높았던 아키타현에서는 노인 자살의 원인이 가족, 특히 자녀와의 갈등에 있다는 놀라운 연구 결과가 발표되었다. 즉 김동선의 책 《야마토마치에서 만난 노인들》에 의하면, 가족과 동거하는 노인의 자살률이 그렇지 않은 노인의 자살률보다 더 높았으며, 한마을의 60세 이상 1,925명에게 설문조사한 결과, 자기평가 우울척도를 통한 조사에서 홀로 사는 노인보다 가족동거 노인의 우울 정도가 더 높은 것으로 나타났다.

이는 가족관계에서 오는 스트레스 때문이었다. 즉 노인과 동거하는 자녀들이 입으로는 희생과 배려를 강조하지만, 적대감을 행동으로 표시한다는 것이다. 스트레스에 대한 대응능력이 부족한 노인들은 자녀의 적대적인 태도 때문에 상처를 받고 삶의 의지마저 상실하게 된다는 것이었다. 결국, 노인들은 '오래 살아서 가족에게 폐를 끼치지 말아야겠다'라고 생각하며, 분노나 공격성을 자녀에게 향하지 않으려 자제하다가 결국 우울증과 자살로 이어진다는 충격적인 이야기였다.

노인들의 자살문제는 우리에게도 심각한 사회문제다. 우리나라 노인의 자살률이 OECD 국가 중 가장 높은 수준으로 나타났기 때문이다. 최근에는 여자 노인의 자살이 '100세 시대'의 새로운 사망패턴을 보여주는 키워드라는 연구결과도 발표되었다. 고려대학교 박유성 교수 연구팀은 60~70대에 사망하는 1951년생 여성의 사망원인 중 3위가 자살이 될 것이라 예측했다. 즉 자살은 암, 심장질환에 이은 제3의 사망원인이며, 뇌혈관질환이나 당뇨병보다 더 무서운 사망원인이 될 것이라는 예상이다.

그렇다면 여자 노인들의 자살이 이토록 증가하는 이유는 무엇일까? 이에 대해서는 보다 다양하고 심층적인 분석이 필요하다. 하지만 일본의 사례를 통해 볼 때, 자녀와의 갈등이 그 원인일 가능성이 매우 높다. 특히 남자보다 오래 살면서도, 경제적으로나 건강, 가족 내 위치 등 여러 면에서 취약한 여자 노인이 자녀들의 압력이나 횡포, 학대의 대상이 될 가능성이 큰 것이다. 노인학대 대부분이 거동이 불편한 노인에 대한 자녀, 특히 아들에 의해 이루어진다는 건 이제 더 이상 비밀이 아니다. 주변을 둘러보면 참 안타깝고 가슴 아픈 경우가 한둘이 아니다. 자식한테 학대받으면서도 갈 곳이 없어서, 혹은 차마 자식을 사회적으로 매장시킬 수가 없어서 참고 사는 노인, 그러다가 폭력적인 범죄의 대상이 되기도 하고 심하게는 죽음을 당하기도 한다.

그래서 나는 여자들일수록 가족의 부당한 압력이나 횡포, 학대로부터 자신을 지키기 위한 '경계 지키기'에 많은 노력을 기울여야 한다고 주장한다. 즉 상대가 제아무리 소중한 가족이고, 사랑하는 자녀라 할지라도 내가 주거나 나누고 싶지 않은 것을 요구할 때, 혹은 내 안전을 위협할 때는 분명하게 '경계'를 설정해 나 자신을 보호해야 한다.

자녀와도 '융통성 있지만 명확한' 경계를 지켜야 한다. 이를 위해서는 손자 봐달라고 조르는 자녀에게 '세련되게 거절하는 법'에서부터 혹시 있을지도 모르는 학대나 방임에 대처하는 방법까지 두루두루 익혀두어야 한다. 특히 나중에 거동이 불편해졌을 때를 대비해서 노인장기요양보험제도 등 노인복지제도에 대해서도 관심을 갖고 공부해두어야 한다. 등급 판정을 받는 방법, 살고 싶은 요양시설의 위치 같은 것들도 미리 알아둔다. 학대받거나 방임 받는 노인, 위급한 노인을 도와주는 노인보호전문기관은 어디에 있는지 알아두고, 전화번호(1577-1389)도 벽에 써놓는다. 혹시 그런 일이 생기면 누구한테 연락하고 도움을 받아야 하는지도 미리 생각해본다.

자신을 잃으면서까지 '관계의 미덕'을 쌓지 말라고 말하고 싶다. 희생적인 부모, 자식 잘 키운 성공적인 부모, 평화로운 가정이라는 남들의 찬사에 모든 것을 걸어서는 안 될 것이다. 그런 식의 찬사가 때로는 자신의 숨통을 막을 수도 있다는 사실을 인정해야 한다. 자신을 파괴하는 유혹적이고 교활한 '미덕의 덫'에서 벗어나야 한다. 내가 원하지 않는 것을 끊임없이 요구하는 자녀들, 나의 안전을 위협하는 사건들과 나와의 '경계'를 지켜야 한다. 경계의 문턱에 보초를 세우고, 스스로 자신을 지켜야 한다.

가톨릭 사제이자 심리학자였던 헨리 나우웬H. Nouwen 은 《친밀함》이라는 책에서 친밀감과 거리감 사이의 세심한 균형이 중요하다고 주장한다. 즉 타인과 친밀하면서도 개방적이고, 가까우면서도 예의를 지키기 위해서는 친밀함 못지않게 거리감을 유지할 수 있어야 하고, 아무도 들어올 수 없는 곳에 가장 내밀한 프라이버시를 간직하고 자신만의 생활을 영위하는 공간이 있어야 한다고 강조한다. 나는 나우웬 식의 균형 감각이 가족관계, 자녀와의 관계에서도 필요하다고 생각한다.

많은 사람들이 가족에 대해 환상을 가지고 있다. 사랑만 있으면 통할 수 있다는 믿음 때문이다. 하지만 가족은 다양한 얼굴을 가지고 있을 뿐 아니라 시대에 따라 상황에 따라 끊임없이 변하고 있다. 그래서 가족 사랑의 기술을 익힐 필요가 있다. 의사소통을 위한 '나 전달법'도 필요하고, 때로는 자신을 지키기 위한 '경계 지키기' 기술도 필요하다.

하지만 더 중요한 것은 가족을 대하는 우리의 근본적인 관점과 자세가 아닐까? 가전제품만 스마트한 것으로 바꾸지 말고, 가족에 대한 생각과 태도도 스마트하게 바뀌어야 한다. '무조건적인 사랑', '희생', '인내', 하나같이 중요한 것들이다. 하지만 그건 젊은이들에게 더 필요한 미덕이다. 젊은 사람들일수록 부모 세대로부터 받은 사랑, 희생, 인내의 의미를 좀 더 진지하게 생각해보고, 스스로 실천할 필요가 있다고 생각한다. 타인이나 가족을 위해서가 아니라 자기 자신의 인생과 성장을 위해서도 꼭 필요하다고 말해주고 싶다. 하지만 나이가 들면 희생이나 인내보다는, '어떻게 하면 스마트하게 살까? 어떻게 하면 가족을 스마트하게 대할 수 있을까?'에 더 많은 노력을 들여야 한다. 요즘 '스마트'란 단어가 너무 많이 쓰여서 헷갈린다면, '똑똑하고 현명한' 정도로 바꿔 말해도 좋을 것이다. 나와 가족, 나와 자녀 간 관계에 대해 좀 더 객관적으로 생각해보고, 현명하게 대처해보자.

• 가족끼리는 비밀이 없어야 한다. 하지만 각자의 예의를 지키자!
• 바쁜 일상 속에 가족 간에 소통이 부족했다면 은퇴 이후 심적인 여유를 가족과의 의사소통에 쏟아보자. 그러면 자연스럽게 불화도 사라질 것이다

5부

함께 어울려 사는 세상 :: 은퇴 후, 새로운 미래를 꿈꾸다

01 본격적인 사회은퇴 :

'No'라고 말해줄 수 있는 선배가 필요하다

경제개발 논리에 자신을 희생하며 끊임없이 달려온 베이비붐 세대. 그들을 현재까지 이끌어
온 건 '긍정'과 '낙관'의 힘이다. 그러나 은퇴 후 그들을 이끌어줄 수 있는 사람은 누구인가?
아닌 건 아니라고 말해줄 수 있는 인생의 선배가 필요하다. 또한 긍정과 낙관 자체는 좋은 것
이고 꼭 필요하지만 올바른 방향과 목적의식을 가져야 한다. 스스로 자신을 돌아보고 건전한
상식을 가져보자

미국 유학을 마치고 돌아온 30대 후반의 B씨는 미국에서 사는 동안 할머니들이 가장 무서웠다며 고개마저 설레설레 흔들었다. 웬 할머니 괴담이냐고? 내용인즉슨, B씨는 유학 중에 공부에 대한 스트레스 때문인지 건강이 좋지 않았고, 특히 허리가 매우 아파서 무거운 짐을 들 수 없었다. 심지어 수박 한 덩이도 들 수 없을 정도였다. 그렇다고 차를 살 수 있는 형편도 아니었다. 그러니 시장을 봐 올 때에도 아내가 항상 무거운 짐을 들 수밖에 없는 딱한 처지였다.

그런데 그가 살던 서민 아파트 단지 내의 나무 벤치에는 항상 미국 할머니들이 몇 명씩 앉아 있었다. 이 할머니들은 평소에는 커피와 직접 구운 케이크 등을 가지고 나와서 사람들에게 대접하기도 하고 아이들에게 말도 거는 등 상냥하고 친절해 보였다. 하지만 무거운 짐을 아내에게 맡긴 채 혼자 휘휘 걸어오는 동양 남자 B씨에게 단 한 번도 그냥 지나치지 않는 법이 없이 질문을 해댔다고 한다.

"왜 너는 짐을 들지 않고, 네 아내가 짐을 드느냐?"

"너희 나라에서는 남자가 짐을 들면 안 된다는 법이라도 있느냐?"

허리가 아파서 짐을 들 수가 없노라고 설명하는 것도 한두 번이었다. 게다가 할머니들은 왜 그리도 많은지, 어제 몇 명의 할머니께 공들여 설명했는데도 다음 날엔 다른 할머니들이 처음부터 다시 질문을 시작하는 통에, 나중에는 팻말이라도 들고 다니고 싶을 정도였다고 한다. 동방예의지국에서 노인들의 말씀을 잘 들어야 한다고 배운 B씨로서는 여간 난처한 일이 아니었다.

더욱 힘들었던 건 그가 아무리 설명해도 '멀쩡하게 생긴 젊은 놈이 혹시 꾀병 아냐?' 하고 의심하는 듯한 할머니들의 눈초리였다. 결국, 그는 멀리서라도 할머니들만 보면 숨고 싶을 정도였다고 회고한다.

나는 이 할머니들이 비록 적극적으로 어떤 활동을 한 것은 아니지만, 권위적으로 보이는 동양 남자를 압박하고 제재하여 국제적 차원의 여성보호에 앞장서야겠다는 사명감에 충실했던 것은 아니었을까 생각한다. 비록 의식하지는 못했을지라도 이들은 작은 행위를 통해 자신들이 옳다고 생각하는 어떤 사회적 가치를 대변하고 지키려고 했던 것이 아닐까?

위와 같은 상황이 우리나라에서 벌어졌다면 노인들은 어떤 반응을 보였을까? 불과 몇 년 전이라면 여자가 시장바구니 드는 게 당연하다고 생각했을 수도 있다. 하지만, 요즘엔 설사 맘에 들지 않는다 하더라도 괜히 젊은이들의 일에, 그것도 내 가족도 아닌 남의 집 일에 간섭해봤자 좋을 게 없다고 생각해서 아무 말도 하지 않았을 가능성이 크다.

❖ '할 수 있다' 보다 더 중요한 건 올바른 방향과 목적의식

교수로서의 나는 학생들에게 야단을 잘 치는 편에 속한다. 수업시간에 조는 학생이 있으면 속으로는 '알바 때문에 잠을 못 잔 걸까?'(실제로 지방대학에는 학비를 벌기 위해 아르바이트를 해야만 하는 학생들이 너무나 많다. 그러다 보니 공부할 시간이 줄어들고 취업에도 불리해지는 것이다) 하는 안쓰러운 마음이 들면서도, 겉으로는 잠 깰 때까지 서 있으라고 호통친다.

그런데 어느 때부턴가 이런 생각을 자주 하게 된다. 정작 나 자신이 잘못했을 때 야단쳐줄 사람은 누구일까? 물론 나를 비판하고 내 잘못에 대해 뒤에서 수군거리는 사람들은 지금도 충분히 많다. 하지만 객관적인 시각과 주의 깊은 합리성을 가지고 '그건 아니다. 그건 바로 네 잘못이야' 라고 단도직입적으로 말해줄 수 있는 사람이 과연 몇이나 될까?

매사에 늦되는 나는 이 나이에도 여전히 미숙하고 잘못된 판단력으로 자주 곤욕을 치른다. 시행착오도 여전하다. 이럴 때면 돌아가신 어머니가 더욱 그리워진다. 언젠가 별것도 아닌 작은 성취에 대해 장황하게 떠벌리는 내게 "자신감이 있는 건 좋지만, 왠지 너 같지가 않구나"라고 '나답지 않음'을 날카롭게 지적해주던 어머니였다. 나는 요즘도, '엄마라면 이럴 땐 이렇게 말했을 거야' 라며 혼자 중얼거린다.

아무튼, 나는 일할 수 있을 때까지, 아니 죽을 때까지 내가 잘못한 일에 대해 지적받고 또 야단도 맞으면서 살고 싶다. 때로는 불편하고 섭섭하더라도 '진실'을 말해주는 깐깐한 선후배와 친구들이 많았으면 좋겠다.

그런데, 우리 사회에도 그런 깐깐한 '선배들'이 필요한 건 아닐까? 특히 '긍정'과 '낙관'이 지나쳐서 흘러넘치는 걸 볼 때마다 선배들이 나서서 야단 좀 쳐줬으면 좋겠다고 생각할 때가 많다. 나 자신도 어릴 때부터 매사에 '할 수 있다'라고 생각하도록 훈련받고 세뇌된 사람임에도 요즘 세상 돌아가는 걸 보면 긍정주의와 낙관주의가 지나쳐서 '중독'이나 '강박' 증세를 보이는 '병'에 걸린 것 같다는 생각이 들 때가 많기 때문이다. 더 심각한 건 병을 병으로 여기지 않는 태도다. 이러다가 정말 큰 병들까 봐 걱정된다.

주변을 둘러보라. 소위 '할 수 있다. 그것도 세계 최고 수준으로' 라는 식의 레퍼토리가 전국을 뒤덮고 있다. 세계박람회, 동계올림픽, F1 자동차 경주 등 세계적인 행사를 유치하고 준비하느라고 국가와 지방자치단체가 몸살을 앓고 있다. 신기한 건 지치지도 않는다는 점이다. 한바탕 몸살을 앓고 난 후에도 얼른 또다시 일어나 또 다른 목표를 향해 쉬지 않고 전력 질주하는 모습은 보는 것만으로도 충분히 어지럽다.

물론 긍정과 낙관 자체는 좋은 것이고 꼭 필요한 것이다. 하지만 긍정적, 낙관적 태도보다 더 중요한 건 올바른 방향과 목적의식이다. 또 아무리 좋은 것도 정도껏이어야 한다. 매사에 '세계에서 제일 잘할 수 있다', '어떤 경우에도 남에게, 혹은 다른 나라에 져서는 안 된다'라고 덤비는 것은 물불 가리지 않고 떼만 쓰는 어린아이처럼 철없고 위태로워 보일 뿐이다.

❖ 잠깐! 숨 좀 돌리고 생각해봅시다

무려 80년의 세월에 걸쳐 1920년경에 태어난 1,500명의 성격, 직업, 인생관과 결혼 경력, 건강상태 등을 추적한 루이스 터먼L. M. Terman의 연구보고서를 분석한《나는 몇 살까지 살까?》라는 책에는 성격과 수명에 관한 흥미 있는 연구결과가 등장한다. 즉 낙천적이고 긍정적인 사람이 오래 살 것이라는 일반 통념과는 달리, 어렸을 때 명랑하고 유머감각이 뛰어났던 사람들이 그렇지 않은 사람보다 훨씬 일찍 죽었다는 사실이다. 그 이유에 대해 연구자들은 지나치게 낙천적인 사람들일수록 쓸데없이 객기를 부리며 건강에 해로운 일을 반복하기도 하고, 모험심이 너무 강하다 보니 사고를 당할 가능성도 커서 스스로 수명을 단축하는 경향이 있기 때문이라고 분석하고 있다.

위와 같은 개인의 성격과 수명 간의 상관관계를 우리 사회에 만연한 지나친 긍정주의와 낙관주의의 위험성을 경고하는 데 적용해볼 수는 없을까?

아무튼, 요즘 우리 사회에는 'No'라고 단호하게 말해줄 수 있는 선배 시민이 많이 필요하다. 상상해보라. 이렇게 세상 돌아가는 게 치매에 걸린 듯 정신없어 보일 때 나이 든 현명한 사람들이 독수리 오형제처럼 '짠~' 하고 멋있게 나타나서 '잠깐!!' 이라고 외쳐준다면, '우리 숨 좀 돌리고, 같이 생각 좀 해봅시다!'라고 소리쳐준다면 얼마나 좋을까? 나이 든 사람들이 목소리를 합해 이렇게 말하는 것이다.

'우리가 살아보니 뭐든 할 수 있다고 덤비는 게 항상 좋은 건 아닙니다. 이 세상에는 할 수 없는 것도 있고, 또 해서는 안 되는 것, 또 구태여 할 필요가 없는 것도 많으니까요.'

'세계 최고? 지나놓고 보니 이 세상을 움직이는 건 단지 1등만이 아니더군요.'

'오래 살아보고 느끼는 건데, 때로는 생각하기 위해 움츠리고, 때로는 자신감 없이 머뭇거리는 시간도 필요합니다.'

'이런 들뜬 사회 분위기 속에서, 아니 그렇기 때문에 더욱더 무력감과 소외감을 느끼는 사람들, 우울감에 시달리고 심지어 자살을 시도하는 이웃들이 있다는 사실도 잊지 말아야 합니다.'

제발 선배 시민이 나서서 '브레이크'를 걸어주면 좋겠다고 생각되는 일이 한두 가지가 아니다. 옛것을 밀어버리고 새로운 건물과 아파트를 짓는 데 무한한 자부심을 느끼는 '토건논리', 대운하와 4대강 등등 대형 공사를 벌이지 않으면 일하지 않는다고 비판받을까 봐 두려워하는 정치지도자들, 끊임없이 무엇인가를 개발하거나 재개발하지 않으면 불안하고 조바심을 느끼는 사람들의 위험한 질주에 대해서 말이다.

그럴 때 선배 시민이 이렇게 질문해주었으면 좋겠다.

'평생 공사 중인 나라에서 실컷 살아봐서 잘 아는데, 그래서 우리가 얻은 게 뭐지? 이제 이 정도면 충분하지 않아?'

'다이나믹 코리아도 좋지만, 누구를 위하고 무엇을 위한 다이나믹인지 생각이나 해봤나?'

이 세상에는 정치, 경제, 이념 같은 것들보다 훨씬 중요한 사안들이 수천 가지, 수만 가지 존재한다. 이 다이나믹한 세상에서 '뭘 모르는' 케케묵은 기성세대로 취급당하는 설움을 차곡차곡 쌓아두며 선거 때가 오기를 기다렸다가 소중한 한 표를 행사하여 뜨거운 맛을 보여주는 것도 좋겠지만, 선배 시민이 소소한 일상에서 부딪히는 작은 문제들에 적극적으로 개입함으로써 '존재감'을 보여주기를 희망한다.

즉 각자 자신의 주변에서, 자신의 분야에서, 소소한 일상을 통해 '살아보니 중요한 건 그게 아니고 이것이더라'라고 말해주었으면 싶다. 《어린 왕자》에 나오는 말처럼, 선배 시민이 사막 어딘가에서 사막을 아름답게 해줄 '우물'이 되고, 저 산을 생기 있게 해줄 '이름 모를 풀꽃'이 되는 그런 사회가 되기를 희망한다.

환경을 지키는 파수꾼 역할, 자기 아이 다 키웠다고 나 몰라라 하지 않고 아이들 교육문제에 대해 '적어도 이건 아니야'라고 소리치는 '까칠한 할머니'들의 목소리, 성숙한 시민 문화를 주도하는 '유쾌한 할아버지 연대', 점점 사라져가는 '마을공동체'를 복원하고 가꾸기 위한 은퇴자 모임이 많았으면 좋겠다.

물론 남의 잘못을 지적하기 위해서는 자신부터 돌아봐야 한다. 나이 든 사람들이 사회를 비판하려면 스스로 건전한 상식을 갖춰야 한다. 젊은이들에게 삶의 규칙과 질서를 주입하려고 하기 전에 자신의 삶으로 보여줘야 한다. 권위주의적이지 않으면서 권위를 잃지 않은 모습도 몸소 실천해야 한다.

혹시 직장에서 은퇴하거나 혹은 주부 역할을 은퇴한 후 사회마저 은퇴하고, 편안한 일상에만 몰두하면서 즐겁고 평화롭게 살려고 마음먹고 있는가? 물론 그것도 나쁘지 않다. 그동안 가족을 위해 사회를 위해 열심히 일한 당신이 떠난다고 한들 누가 말리겠는가.

하지만 나는 묻고 싶다.

"뭐? 은퇴? 사회에서 마저 은퇴한다고? 그럼 도대체, 소는 누가 키워?"

- 자신의 주변 소소한 일상에 교훈을 줄 수 있는 인생 선배를 찾아보자!
- 매사에 긍정적. 낙관적 태도보다도 더 중요한 것은 올바른 방향과 목적의식이라는 점을 잊지 말자

02 연령차별 대처법:
원숙한 '실력'과
'매력' 갖추기

전 세대가 화합할 수 있는 방법은 무엇이 있을까? 방법은 딱 한가지다. '사회적 편견'과 '고정관념' 버리기. 젊은 세대와의 소통도 중요하지만 길고긴 노후를 앞둔 베이비붐 세대의 노력이 무엇보다 중요하다. 자신의 문제를 인식하고 변혁하려는 의지를 가져야 한다. 그리고 자신만의 강점을 보여줄 수 있는 '실력'과 '매력'을 갖추자!

"내 나이 육십하고 하나일 때 나는 그땐 어떤 사람일까. 그때도 울 수 있고 가슴속엔 꿈이 남아 있을까."

가수 이장희가 스물일곱 살에 만들었다는 노래 〈내 나이 육십하고 하나일 때〉 가사 중 일부이다. 나는 이 노래를 들을 때마다 남에 대해 점점 더 공감하게 되고 전보다 훨씬 더 선명하고 실현 가능한 꿈을 가슴에 지니고 있는 자신에 대해, 그리고 육십하나에도 분명히 그러할 것이라는 나의 자신감에 대해 안도하게 된다.

문제는 다른 사람들이 나의 이런 면을 통 알아주지 않는다는 점이다. 사람들은 나의 젊고 여린 '감성적 나이'에는 도통 관심을 보이지 않고 오로지 '달력 나이'와 '얼굴 나이'만으로 나를 대하는 것이다. 그렇다고 시도 때도 없이 울 수도 없고, 묻지도 않는 내 꿈에 대해 일일이 설명할 수도 없으니 가슴만 답답할 뿐이다.

❖ 베이비붐 세대가 넘어야 할 벽, 연령차별

학생들과의 거리감도 점점 커지는 느낌이다. 특히 '노인복지' 과목을 가르칠 때면, 내 딴에는 준비도 많이 하고 재미있는 예도 들면서 설명해보지만, 웃는 사람은 나 혼자뿐이다. 학생들은 완전 '딴 나라' 얘기를 듣는 듯한 표정을 짓는 경우가 많다. 그래도 직장을 다니면서 야간에 수업을 듣는 대학원생들은 조금 달라서 반응이 만족스러운 편이다. 수

강생의 나이가 많으면 많을수록 수업 분위기는 더 좋아진다. 노인 문제나 노화과정에 대해 설명하면 금방 알아들을 뿐 아니라 "오, 정말 그래요" 하면서 장단을 맞춰주고, "그런 얘기를 들으니까 정말 자극이 되네요. 저도 이제부터 준비해야겠어요"라고 말하며 강의실 분위기를 고조시키기도 한다.

그러나 학생들 탓만 하고 있을 수도 없는 일이다. 비록 젊은 학생들을 이해하고 즐겁게 하고 만족하게 하는 일이 힘들기는 하지만, 그래서 때로는 화도 나지만, 그렇다고 그들의 욕구를 묵살할 수는 없는 노릇이다. 나 하고 싶은 얘기만 하고 만다면 '그들을 위해 내가 존재하는' 것이 아니라 '나를 위해 그들이 존재하는' 것처럼 착각하는 한심한 교수밖에는 될 수 없기 때문이다.

더 심각한 건 동료 교수들마저 아직도 정년이 8년이나 남은 나를 마치 명예교수나 되는 듯이 대하기 시작했다는 점이다. 얼마 전에도 올해 1학년 지도교수를 맡게 되어 신입생 오리엔테이션에 참석한 내게 다른 과의 젊은 교수가 "아니, 왜 직접 오셨어요? 젊은 교수 시키시지"라면서 호들갑스럽게 인사를 했다. 자기 딴엔 나를 위해서 하는 말이 분명하므로 '나, 다른 사람들보다 늦게 교수 됐거든. 그래서 아직 젊은 교수거든' 이렇게 까칠하게 대꾸할 수도 없어서 그저 '우아하게' 웃고 말았다(이러니 자꾸 우아해질 수밖에!).

그러나 그들이 나를 위한답시고 하는 말들이 마치 "어르신들은 힘드시니까 투표장에 나오지 말고 집에 계시라"고 했다가 노인들의 호된 질타를 받았던 정치가의 말처럼 들리는 건 어쩔 수가 없다. 마치 '당신은 이제 그 나이의 그저 그런 한 사람일 뿐이니, 이제는 너무 나대지 말고 입도 다물고, 우리가 어떻게 하나 구경만 하세요' 라고 말하는 것 같은 그런 느낌…… 어쩌면 앞으로는 '투명인간'처럼 취급받을지도 모르는 일이다.

'산 넘어 산'이라고 표현해야 할까? 지난 몇십 년간 '성차별'에 맞서 싸우며 힘겹게 살아왔는데, 그래서 이제야 겨우 성차별에 대처하는 약간의 노하우를 갖게 되었는데, 어느새 '연령차별'이라는 또 하나의 장벽 앞에 서게 된 것이다. 이제 나는 '늙은', '여자'라는 이중으로 취약한 지위를 갖게 되었다.

물론, 성차별도 그렇지만 연령차별도 모두 상대에게만 책임이 있는 건 아니다. 때로는 여자가 여자를 더 차별하는 때도 있는 것처럼 나이 든 사람들이 나이 든 사람을 더 차별하는 경우도 많다. 혹은《나는 주름살 수술 대신 터키로 여행간다》는 책의 저자인 수잔 스왈츠가 지적했듯이, 연령차별은 외부뿐 아니라 한 사람의 내면에서도 일어날 수 있다. 솔직히 나 또한 얼마나 자주 '아니야, 내 나이를 생각해야지. 그건 더 젊었을 때나 하는 일이야. 남들이 어떻게 보겠어?'라면서 자신의 나이를 차별하는지 생각하면 할 말이 없다.

그러나 모든 차별이 그러하듯이 연령차별의 주범은 '사회적 편견'과 '고정관념'이다. 노인인구가 많지 않았던 전통사회에서는 노인들이 가진 지식과 경험, 지혜 때문에 존경의 대상이 되기도 했지만, 사회가 근대화될수록 노인인구는 많아져서 이들의 사회경제적 지위는 더욱더 열악해진다. 특히 노인인구 비율이 증가할수록, 젊은이들의 사회보장비 부담이 늘어날수록 연령차별은 더 심해진다. 노인들에 대해서 연금재정을 악화시키고, 건강보험료를 축내는 사람들이라는 비난이 점점 더 높아지는 것이다.

즉 나이 든 사람들은 자신이 가지고 있는 능력이나 가치, 강점에 상관없이 단지 나이를 많이 먹었다는 이유 하나만으로 편견과 고정관념의 대상이 되는 것이다 (얼마 전에도 모 신문에서 장수(長壽)를 마치 '재앙'이나 되는 듯이 다루는 기사가 연일 쏟아져나오는 것에 대해 노인으로서 두렵고 섬뜩하다는 심정을 호소한 노 작가의 글을 보고 깊이 공감한 적이 있다).

✣ 연령차별을 완화하고 해결하기 위한 노력

연령차별 문제는 '세계 고령화회의' 등에서도 자주 다루어지고 대책이 논의되는 주제 중 하나다. UN은 국가 차원의 연령 통합정책과 함께 세대 간 연대를 강화하고 노인에 대한 긍정적인 이미지를 향상하기 위한 프로그램이 필요하다고 주장한다. 특히 노인을 이해하고 노년기에 대한 부정적인 이미지를 완화하려는 노력이 초·중·고등학교 때부터 이루어져야 한다는 점도 강조한다.

실제로 선진국에서는 연령차별을 완화하고 해결하기 위해 다양하게 노력하고 있다. 미국의 '은퇴자마을 Retirement Community'은 연령차별의 대상이 되는 것을 거부하는 자존심 높은 미국 은퇴자들의 대안적 주거 공간이며, 영국이나 독일 등의 유럽 나라들에서는 공공과 민간이 함께 하는 세대통합을 위한 다양한 프로그램이나 주거정책을 실행하고 있다.

앞으로 우리나라에서도 연령차별을 없애기 위한 사회적 관심이 확대되고, 정부와 민간 차원의 다양한 노력이 이루어져야 할 것이다. 노인을 무조건 가난하고 돈이 드는 보호대상자로만 보는 사회적 편견, 노인의 생산성을 과소평가하는 고정관념도 없어져야 한다. 노인을 우스꽝스럽게 묘사하는 매스컴도 달라져야 한다. 나도 돌아오는 새 학기에는 노인복지론을 수강하는 학생들을 대상으로 노인 생활을 몸소 체험하는 프로그램과 노인복지관에서 노인들과 직접 소통하고 교류하는 프로그램을 진행해볼 계획이다.

하지만 이 세상의 모든 차별이 그러하듯이, 연령차별 또한 나이 든 사람들 자신의 문제의식과 변혁 의지가 없으면 결코 해결될 수 없는 문제이다. 즉 나이 든 사람들 스스로가 '연령' 때문에 받는 부당한 차별이나 세상의 평판, 도덕적 잣대에 대해서 홀연히 맞서서 싸울 준비를 하고, 또 싸울 수 있는 '힘'도 길러야 한다.

또한, 나이 든 사람들이 자신의 강점을 보여줄 수 있는 '실력'과 '매력'을 갖춰야 한다고 생각한다. 실력과 매력을 어떻게 갖추느냐고? 나이 든 사람들에게 가당키나 한 얘기냐고? 설사 실력이 있다고 한들 그걸 통해 젊은 사람들의 마음을 움직이는 게 가능하겠냐고?

❖ 전 세대를 아우르는 '세시봉과 친구들'

나는 '세시봉과 친구들'의 공연을 보면서 '실력과 매력 갖추기는 나이와 상관없다'라는 것을 확신할 수 있었다. 조영남, 윤형주, 송창식, 김세환 등의 나이를 평균하면 65세가 넘는다. 하지만 그들은 그야말로 '실력'과 '매력'을 유감없이 발휘했다. 이들이 가진 실력이란 기본적으로는 멜로디가 살아 있는 노래, 화음, 아름다운 노랫말, 기타 연주능력 등이다. 한마디로 이들은 요즘 흔히 접하게 되는 기계음과 현란한 춤과는 차별화되는 음악을 통해 실력 있는 가수임을 보여주었다.

그러나, 이들은 노래 실력 이상의 '매력'을 지니고 있었다. 그것은 각자 차곡차곡 살아온 삶, 결코 모범적이고 평탄하지만은 않았을 삶 속에서도 여전히 간직하고 있는 어떤 순수함, 음악에 대한 열정, 독특한 자유로움과 감수성, 그 속에서 나오는 꾸밈없이 진실하고 가슴을 울리는 이야기들이다. 그리고 서로 간의 우정과 배려, 연민, 다시 돌이킬 수 없는 한 시대를 짐작게 하고 추억하게 하는 상징 같은 것들, 한마디로 '세월'과 '나이', '과거'와 '역사'가 없다면 가질 수 없는 것들이었다.

이들이 방송뿐 아니라 앨범 차트에서도 붐을 일으킨 것에 대해서 어떤 사람들은 과거를 그리워하는 중장년 시청자들이 그동안의 침묵을 깨고 드디어 존재감을 드러낸 것이라 평가한다. 하지만 내가 보기에 그것만은 아닌 것 같다. 인터넷에서 찾아본 젊은이들의 이야기는 '젊은 그들' 또한 '늙은 그들'에게 깊이 매혹 되었음을 보여준다.

"옛날에 이렇게 좋은 노래가 많았는지 몰랐다."

"그 아저씨들을 보면서 부러웠다. 나도 저런 친구들이 있었으면 좋겠다고 생각했다(난 친구가 없다)."

"세시봉을 가보지 못한 나이라는 게 슬프다."

"처음으로 부모 세대가 부러워졌다. 기타와 LP판, 여행, 문화 등등……."

"뭔가 잃어버린 것을 찾은 느낌!"

"울었다. 그 세대가 아닌데. 나는 좀 올드한 모양이다."

"기타를 배우고 싶어졌다(세시봉의 부작용). 그동안 난 '삶이 아니라 생존을 했었구나' 라는 생각이 들었다(가장 큰 부작용)."

이쯤 되면 평균 연령 65세가 넘는 그들은 차별은커녕 존경과 선망의 대상이다.

이들의 외모에 대해 "솔직히 젊은 시절보다 지금 모습이 훨씬 멋지다"라고 한 젊은 네티즌의 의견에 나도 동감한다. 그야말로 아날로그 세대의 힘과 매력이 디지털 세대를 움직인 좋은 사례가 아닐 수 없다.

한편, 나는 젊은이들의 반응을 보면서 나 자신이 만든 부정적인 '시선'부터 고쳐야겠다고도 반성해보았다. 이제부터는 젊은이들에 대해 '그들을 이해하기 힘들다, 그들 세대의 문화 수준 자체가 어리석고 천박하다' 는 식의 분노에 찬 비판도 자제하기로 했다. 인터넷에서 읽은 바로는, 그들도 나처럼 외롭고, 슬프고 그래서 자주 울컥한다는 걸 알게 되었기 때문이다. 그들도 나처럼 뭔가 잃어버린 것을 다시 찾고 싶어하며, 진정한 삶을 살고 싶어한다는 걸 느꼈기 때문이다. 그들의 욕구를 이해하지 못한 우리 세대에게도 책임은 있다.

결국, 연령차별의 문제를 풀기 위해서는 나이 든 사람들이 실력과 매력을 갖추기 위해 노력하는 것도 중요하고, 동시대를 살아가는 젊은 이들의 고통과 절망을 이해하고 수용하는 마음을 갖는 것도 필요하다. 즉 우리의 '시선'부터 바꾸고, 높은 곳에서 내려와 그들과 함께 호흡하려는 태도를 보여야 한다. 또 그래야만 우리의 실력과 매력을 마음껏 보여줄 기회도 따라오지 않겠는가?

비록 나이와 세대는 다를지라도 같은 흥미와 관심을 둔 사람들이 자연스럽게 서로 만나 교류할 수 있는 그런 '기회'와 '프로그램'이 많아지기를 희망한다. 60대의 송창식이 40대의 윤도현, 20대의 장기하와 함께 부르는 〈담배가게 아가씨〉를 자주 들을 수 있는 그런 세상을 꿈꿔본다.

- 연령차별을 느끼는 본인부터 노년층에 대한 사회적 편견과 고정관념을 버리자
- 시선을 바꾸고 다른 세대의 입장에서 모든 것을 포용하려는 마음을 가져보자
  그러면 자연스럽게 연령차별의 인식은 사라질 것이다

마을공동체에
장수하는 사람이
많은 이유

'사람냄새' 물씬 나는 마을에서 살아본 적이 있는가? 도시화, 핵가족화로 인해 변한 우리 시대의 안타까운 자화상이다. 함께 사는 이들의 마음까지 속속들이 알 수 있는 마을공동체! 나이가 들고 노후생활을 준비할수록 베이비부머에게 가장 필요한 삶의 조건은 무엇일까. 바로 '관계'와 '참여'의 소중함을 알고 가꿔나가는 마을공동체가 아닐까. 개인주의로 닫힌 마음의 문부터 활짝 열어보자!

10여 년 전에 상도동의 오래된 동네에서 잠깐 산 적이 있다. 당시 우리가 살던 단독주택으로 들어가는 골목 어귀에는 구멍가게보다는 약간 큰, 잡화상 수준의 가게가 하나 있었다. 그러나 한 마흔쯤 되어 보이는 가게 주인과 뜨내기 주민이었던 우리는 특별히 인사를 하고 지낼 정도로 친숙한 사이는 아니었다.

　　어느 날 초여름이었던가? 집에 들어오는 길에 모기향을 사기 위해 그 가게에 들렀을 때였다. 모기향 하나 달라고 하자 여주인은 특유의 무뚝뚝한 표정으로 "아까 사 가셨어요"라고 대답하고는 도무지 물건 줄 생각을 하지 않는 것이었다. 의아해진 내가 "네?" 하고 반문하자 그녀는 "아까 아저씨가 사 가셨다니까요"라고 대답하고는 딴 손님에게만 열중하는 것이었다. 어찌 보면 참 불친절하기 그지없는 태도였다. 하지만 그녀의 얼굴은 '아, 확실하니까 걱정하지 말고 집에 가보시라니까요. 산 걸 또 살 필요는 없잖아요' 라고 말하는 듯했다.

　　집에 와보니 과연 남편이 사다 놓은 모기향이 놓여 있었다. 샀던 물건 또 산다고 말리거나 그 집 식구 중에 누가 이미 사 갔다고 말해주는 사람 하나 없는 대형상점에 익숙해져 있던 내게 그때 일은 참 인상적이었다. '역시 사람 냄새를 맡으려면 이런 동네에서 살아야 한단 말이야' 라고 혼자 중얼거리면서 자꾸 웃음이 났던 기억이 난다.

❖ 사람냄새 물씬 나는
공동체적 삶의 중요성

사실 동네 가게는 노인한테도 중요하다. 일본의 어느 마을에서는 동네의 작은 가게가 없어지고 대형상점만 남게 되면서 눈이 많이 내리거나 하는 날이면 대형상점에 가지 못하는 노인들이 밥을 굶는 사태마저 생겼다고 한다. 이처럼 동네의 작은 가게는 소상인을 보호한다는 차원뿐만 아니라 노인들의 식생활을 포함한 기본 생활을 보호하고, 더 나아가 타인과의 교류를 통한 사회적 네트워크를 유지한다는 차원에서도 매우 소중한 것이다.

그래서 앞으로 나이 들수록 대형상점보다 조그만 가게에서 시장을 보는, '사람 냄새' 물씬 나는 마을에서 살고 싶다. 이런 마을에서는 일일이 전화로 약속하지 않더라도 11시쯤 집에서 나와 여기저기 기웃거리다 보면 같이 점심 먹을 사람을 만나고, 심심하면 동네 안에 있는 사랑방 카페로 가서 누군가와 함께 세상 돌아가는 얘기를 하며 웃고 울고 화도 낼 수 있다. 그런 곳에서 자연스럽게 살림 정보도 공유하고, 함께 걷고 놀러다닐 계획도 세우고 싶다. 책도 돌려가면서 읽고, 쓰지 않는 물건도 맞바꾸며, 동네 한편의 텃밭을 같이 가꿔 채소도 나눠 먹고, 부모가 어려운 일을 겪는 집이 있으면 마을 사람들이 돌아가면서 아이들을 돌봐주고, 누구라도 아프면 서로 죽을 끓여서 가져다주는 그런 마을에서 살고 싶다.

그동안 나는 공동체적 삶의 필요성을 크게 느끼지 않고 살아왔다. 그보다는 나 개인의 개성과 자립이 중요했고, 일과 직장 중심의 인간관계 속에서 남보다 돋보이려고 노력해왔다. 여럿이 함께 일하는 건 힘들 뿐만 아니라 상처받기 십상인 것으로 여겼고, 그렇게 힘들어하는 시간과 에너지가 아까워서 혼자 일하는 게 낫다고 생각한 적이 많았다. 나 자신의 과거를 성찰하는 과정에서 가장 크게 반성하는 것도 바로 이 부분이다.

하지만 은퇴 후까지 그렇게 살고 싶은 마음은 추호도 없다. 그런 반공동체적인 삶을 실컷 살아본 후 느끼는 건 무엇보다도 웃을 일이 많지 않고, 그러다 보니 행복할 수도 없다는 것이다. 글쎄, 때로는 너무 재미있어서 인생이 복잡해질까 봐 걱정이 안 되는 건 아니지만, 그렇더라도 이제부터는 다양한 만남과 상호교류, 소통과 나눔이 이루어지는 '마을'에서 지지고 볶으며 살고 싶다.

∴ 신체적 건강에 좋은 공동체 삶, '로제토 마을'의 경우

이런 결심을 더욱 고무시키는 건 공동체적 삶이 건강에도 좋다는 연구결과들이 속속 발표되고 있다는 사실이다. 공동체적 삶이 정신건강에 좋은 영향을 미친다는 건 쉽게 예측할 수 있는 일이다. 심리적으로 성숙한 사람일수록 자신의 공동체와 조화롭게 지내며, 자신이 속한 세상에 깊이 연계되어 있기 때문이다.

하지만 더 놀라운 건 공동체적 삶이 신체적 건강에도 좋다는 연구 결과들이다. 심지어 '장수'까지 불러온다는 연구결과도 있다. 가장 대표적인 것이 유명한 '로제토 마을'에 대한 연구다. 말콤 글래드웰 M. Gladwell 의 책, 《아웃라이어》의 프롤로그를 장식한 것도 바로 로제토 마을에 대한 이야기이다. 이 이야기를 간단히 인용해본다.

로제토는 로마에서 동남쪽으로 100마일 정도 떨어진 작은 마을의 이름이다. 로제토 사람들은 수세기 동안 매우 가난했고, 대다수가 문맹이었으며, 앞으로 나아지리라는 어떤 희망도 가지기 어려울 정도였다. 그러다가 1882년 1월 열 명의 남자와 한 명의 소년이 미국 뉴욕으로 가서 닥치는 대로 일거리를 찾았고, 뉴욕으로부터 145킬로미터 떨어진 펜실베이아 뱅고어 Bangor 인근의 함석 채석장에서 겨우 일자리를 구했다. 그 이듬해에는 열다섯 명의 로제토 사람들이 미국으로 건너왔고, 이들 중 상당수가 뱅고어로 와서 그 전해에 도착한 고향 사람들과 합류했다. 그리고 이들의 이야기가 로제토로 전해지면서 로제토 사람들은 떼를 지어 펜실베이아로 향했다.

이들은 주변의 땅을 사들이기 시작했고, 고향 마을처럼 언덕을 오르내리는 좁다란 길 양쪽으로 함석지붕을 얹은 2층집을 짓고, 언덕의 중심부에는 성당도 지었다. 이 마을은 처음에는 '뉴 이탈리아'로 불렸지만, 곧 '로제토'로 바뀌었다. 그리고 새로 부임해 온 젊은 신부의 열정에 힘입어 뒷마당에서 돼지를 기르고 집에서 와인을 담그기 위해 포도나무를 가꾸기 시작했다. 그들만의 학교, 공원, 수녀원, 공동묘지가 만들어지고 작은 상점, 빵집, 식당, 술집이 문을 열면서 자신들의 전통을 이어가는 마을이 만들어졌다.

그런데, 이 마을이 유명해진 건 1950년대 후반에 소화기 연구가이자 의사인 울프S. Wolf가 인근 지역에서 17년간 일해온 의사로부터 "로제토 지역에 사는 65세 미만 사람 중에 심장마비 환자가 거의 없었다"라는 얘기를 들으면서부터였다. 당시는 콜레스테롤 저하제와 심장병 예방을 위한 치료법이 개발되기 전이었고, 당시 미국의 65세 미만 남성의 가장 큰 사망원인은 심장마비였다.

울프는 학생들과 동료 연구진의 지원을 받아 로제토 사람들을 모두 테스트하는 대규모 조사에 착수했다. 결과는 놀라웠다. 55세 이하 사람 중에는 심장마비로 죽은 사람이 하나도 없었을 뿐 아니라 심장질환의 흔적조차 없었다. 65세 이상의 심장마비 사망률도 미국 전체의 절반 수준이었고, 사망률 자체가 매우 낮은 것으로 나타났다. 울프의 요청을 받은 사회학자 브룬J. Bruhn까지 가세하여 스물한 살 이상의 모든 로제토 사람들과 인터뷰한 결과, 알코올이나 약물중독자가 없었고, 자살률과 범죄율도 매우 낮다는 사실을 알 수 있었다. 한마디로 로제토 사람들은 각종 질병으로 사망에 이르는 '병리적 노화'가 아니라 건강하게 제 수명을 다하고 늙어서 죽는 '정상적인 노화' 과정만을 겪고 있었던 것이다.

이때부터 로제토 사람들이 누리고 있는 신체적 건강의 조건을 밝히기 위한 심층적인 연구가 시작되었다. 가장 먼저 생각할 수 있는 조건은 식단이었다. 그러나 로제토 사람들의 식단을 조사해본 결과는 예상과 달랐다. 지방 섭취가 많고, 담배를 피웠으며, 사람들은 비만으로 고통스러워했다. 다음으로, 유전적 요소에 대한 조사가 이루어졌으나 그 결과 역시 로제토 사람들이 심장마비 사망률이 낮은 이유를 설명해주지 못했다. 지역적 특수성의 설득력도 높지 않았다.

그렇다면 로제토 사람들이 그토록 건강할 수 있는 요인은 무엇일까? 울프와 브룬은 마을을 거닐다가 우연히 그 이유를 발견했다고 한다. 즉 서로의 집을 방문하고, 길을 걷다가 멈춰 서서 잡담을 나누며, 뒤뜰에서 음식을 만들어서 나눠 먹는 등의 일상적인 생활방식이 건강한 이유라는 것을 발견했던 것이다. 일종의 '확장된 가족집단'에 대해서도 알게 되었다. 이 마을에는 한 지붕 아래 3대가 모여 사는 집이 꽤 많았고, 나이 든 사람들이 존경을 받았으며, 가톨릭교회를 통한 결속력과 마음의 평화가 저변에 깔려 있었다. 인구 2천 명의 조그만 마을이지만 주민 모임이 22개나 있었고, 이들 공동체가 가진 평등주의적 정서가 부유한 사람들로 하여금 거들먹거리지 못하게 하고, 가난한 사람들을 돕는 역할을 하고 있었다.

이러한 로제토 마을 연구는 건강과 공동체의 연관성을 처음으로 발견한 것으로 평가받았다. 그리고 공동체 안에서 장수하는 사람의 비율이 증가하는 현상을 '로제토효과'라고 부르는 근거가 되었다.

오랫동안 노인과 가족을 상담한 경험을 가진 메리 파이퍼^{M. Pipher}는 노인을 다른 사람과 어울리게 하는 것이 진정으로 노인을 돕는 방법이라고 말한다. 혼자 사는 노인의 사망률이 누군가와 함께 사는 노인의 사망률보다 높으며, 식물이나 애완동물과 함께 사는 노인이 돌볼 대상이 없는 노인보다 오래 살고, 병원에서 기다리는 동안 누군가와 대화를 나누는 사람이 훨씬 더 빨리 치유된다는 등의 연구 결과도 인용한다.

나는 로제토 마을에 관해 읽으면서 우리나라의 경우에도 전통적인 마을과 공동체적인 생활양식이 많이 남아 있는 농촌지역일수록 건강하게 오래 사는 노인들이 많다는 사실을 떠올렸다. 백세 노인이 많기로도 유명한 전남 구례군, 곡성군, 담양군, 전북 순창군 등이 대표적이다.

결국 공동체적 삶은 은퇴 후에 건강하게, 그리고 즐겁고 행복하게 오래 살기 위해 중요한 요소가 아닐 수 없다. 그래서 나도 요즘에 틈만 나면 '성미산마을'이나 '지리산학교'가 있는 마을, 혹은 공기 좋고 인심 좋은 농촌마을을 유심히 살펴본다. 도시적인 마을과 자연 친화적인 마을 중 어느 곳이 더 좋을까 생각해본다.

하지만, 마을을 공간적인 개념으로만 설명할 수는 없다. 그곳이 어디든 간에, 함께 만나 이야기 나눌 수 있는 사람들이 있는 곳, 음식을 만들어서 나눠 먹으며 아픈 사람에게 죽을 끓여주는 곳, 내 가족만 잘되면 그만이라는 가족 이기주의로는 행복할 수 없다고 느끼는 사람들이 모여 있는 곳, 나이 들수록 이웃과 친구가 소중하다는 걸 알고 실천하는 곳, 참여하고 싶은 프로그램이 가득한 곳, 인간의 진정한 힘은 사랑받고 사랑하는 데에서 나온다는 점을 느끼게 하는 곳, 한마디로 '관계'와 '참여'의 소중함을 알고 가꿔나가는 생활양식이 지배적인 곳, 그런 곳이 바로 내가 생각하는 '마을'이기 때문이다.

• 가까운 이웃과 허물없이 즐겁게 지내보자! 공동체라는 개념이 멀리 있는 게 아니다. 우리 주변의 모든 사람들과 공동체를 이룰 수 있다.
개인주의화 되어가는 피상적인 인간관계 속에서 공동체의 의미를 되새기자

04 자원봉사 :

남도 행복하지만
나도 행복한
'착한' 이기주의

항상 마음은 있지만 선뜻 나서지 못하는 것이 '자원봉사'다. 많은 은퇴자가 자원봉사를 하고
싶어도 어떻게 시작해야 하는지 모르고 있다. 은퇴 후 일상을 자원봉사로 채워보자! 자원봉
사를 하는 사람들의 행복감은 이루 말할 수 없이 크다. 또한 은퇴나 노화에 따르는 여러 가지
변화나 위기에도 잘 대처할 수 있을 것이다. 당신도 행복하고 나도 행복할 수 있는 노후를 위
해서……

만약에 누가 우리나라 은퇴자나 노인들에게 가장 필요한 일, 혹은 추천할 만한 활동이 무엇이냐고 묻는다면, 망설이지 않고 남을 돕는 일, 즉 '자원봉사활동'이라고 대답할 것이다. 특히 건강하고 시간도 있으며, 교육도 받을 만큼 받았고 사회로부터 받은 것 또한 많은 은퇴자와 노인일수록 자신의 능력과 자원을 활용해 다른 사람들을 도와야 한다.

❖ 우리에게 아직까지 낯설기만 한 '자원봉사'

그럼에도 통계청의 사회조사 결과에 의하면, 우리나라에서 가장 자원봉사활동을 가장 많이 하는 연령층은 자원봉사 점수를 따야 하는 15~19세의 중고등학생들이며, 2009년 현재 60세 이상 인구의 자원봉사 참여율은 7퍼센트 정도로 매우 미미한 수준에 머물러 있다.

이 비율은 미국의 65세 이상 노인의 자원봉사활동 참여율 23.8퍼센트, 호주의 17퍼센트(2007년 현재)에 비하면 매우 낮은 것이다.

이러한 차이는 어디에서 오는 것일까? 우리나라 노인이 미국이나 호주 노인들보다 덜 착한 것일까? 그들은 이타적인 유전자를, 우리는 이기적인 유전자를 더 많이 가지고 있는 것일까? 사실 나도 세계 제일의 자본주의 국가에 사는 미국 노인들이 돈도 되지 않는 일을 그토록 열심히, 그토록 즐겁게 하는 모습을 볼 때마다, '그들은 우리와 다른 천성을 가진 것일까?' 하는 의문을 가지곤 했다. 물론 우리나라와는 달리

'가족 내 봉사'를 기대하기 어려운 개인주의적인 사회라는 것도 이유가 되겠지만 그런 점을 고려한다고 해도 그 격차가 너무 크게 느껴졌다.

그러나 미국의 상황을 좀 더 들여다보면, 미국 노인들이 그토록 자원봉사활동을 열심히 하는 게 천성이나 유전자 때문만은 아니라는 걸 알 수 있다. 한마디로 미국에는 자원봉사를 위한 '시스템'이 잘 갖춰져 있다. 미국은 오래전부터 각종 법과 법정 단체를 통해 시민의 자원봉사 활동을 유도하고 지원해왔다. 단체를 살펴보면 노인들의 자원봉사를 위한 전국노인봉사단National Senior Service Corps, 퇴직자 경영인 봉사단Service Corps of Retired Executives Association, 은퇴자협회the American Association of Retired Persons 봉사단 등이 전국적으로 분포되어 있다. 프로그램도 정교하게 짜여 있어서 도움이 필요한 아동들에게 조부모가 되어주는 프로그램, 저소득층 노인을 위한 노인 동료프로그램, 학교에서 이루어지는 학교자원봉사, 농촌 노인들을 위한 녹색 손길 프로그램 등이 효율적으로 시행되고 있다.

특히 'RSVPRetired & Senior Volunteer Program'라는 이름의 은퇴자 자원봉사 프로그램은 지역사회의 다양한 수요를 충족시키기 위해 은퇴자의 경험과 활동, 기술을 효과적으로 활용한다. 은퇴자들은 공공 또는 비영리 사회적 서비스 분야에 배치되어 건강, 영양, 교육, 주택, 카운슬링, 정보 서비스 중에서 자신이 잘할 수 있거나 하고 싶은 일을 선택한다. 예를 들어 퇴직한 건축가나 엔지니어는 홍수로 인해 허물어진 집을 재건축하고, 외국어가 능숙한 사람은 영어가 서툰 이민자에게 영어를 가르치면서 실생활에 필요한 도움을 주며, 교사 출신은 학교의 보조교사로 일하는 식이다. 거동 불편한 사람의 일상생활 돕기, 방범 활동 등도 이들이 담당하는데, 특히 미국 경찰청이 은퇴자들의 방범서비스가 시행된 지역의 범죄가 반 이상 감소했다고 발표했을 정도로 이들의 활동은 효과적이라고 한다.

이러한 여러 가지 자원봉사활동에 대해 국가와 지방정부는 교통비, 급식비, 기타 현금지출비용을 지원할 뿐만 아니라 봉사활동에 필요한 교육과 현장훈련도 제공하고 있으니, 이런 환경에서 자원봉사를 한다는 건 도시락이 다 준비된 소풍에 따라가는 것만큼이나 즐거울 것 같다.

반면 우리나라의 상황은 딴판이다. 많은 은퇴자가 자원봉사를 하고 싶어도 어디 가서 어떻게 시작해야 하는지 모르고 있다. 자원봉사를 권유하는 기관도 많지 않다. 나도 "자원봉사를 어디 가서 해야 하나요?"라는 질문을 많이 받았다. 그리고 내가 만났던 자원봉사자들은 주로 개인적인 네트워크를 활용하여 봉사처를 찾거나 혹은 자신이 다니던 노인종합복지관을 통해 '스카우트' 되는 아주 특별한 경우였다. 사정이 이러하니, 많은 은퇴자가 지레 자원봉사활동을 포기하고 마는 것이다.

그러나 앞으로 달라질 것이다. 특히 교육수준도 높고 시민의식도 높은 베이비붐 세대에게 희망을 걸어본다. 자원봉사활동에 열심히 참여하는 사람들을 만나면서 이들에게 어떤 공통적인 특징이 있다는 것을 발견했는데, 베이비붐 세대 중에는 이런 사람들이 더 많아지리라고 확신한다.

실제로 한국보건사회연구원이 실시한 〈중년층의 생활실태 및 복지욕구조사〉 분석결과에 의하면, 베이비붐 세대의 자원봉사 참여비율은 2010년 현재 7.3퍼센트로 낮은 편이다. 하지만 베이비붐 세대의 41.2퍼센트가 현재의 삶에서, 49.5퍼센트는 노후의 삶에서 자원봉사 활동이 중요하다고 응답하였고, 44퍼센트는 앞으로 자원봉사활동에 참여할 의사가 있다고 응답하였다. 자원봉사 참여율과 참여의향은 나이가 젊을수록 점점 더 높아진다. 2011년에 통계청에서 실시한 전 국민 조사결과에 의하면, 40대 인구 중 50.2퍼센트가 1~2년 이내에 자원봉사에 참가하겠다고 응답한 것으로 나타났다.

❖ 우리 모두를 위한 착한 이기주의 '자원봉사'

자원봉사활동을 열심히 하는 사람들의 공통된 특징은 행복해 보인다는 점이다. 이들은 은퇴나 노화에 따르는 여러 가지 변화나 위기에도 잘 대처하고 적응했다. 가장 인상적이었던 사람은 66세의 M씨다. 소녀처럼 명랑하고 잘 웃는 M씨의 얼굴에는 '행·복·하·다'는 글자가 쓰여 있는 듯했다. 그녀는 아들 셋을 낳고 기르면서도 은행에 계속 다녔었지만, 자신보다는 아이들의 교육이 더 중요하다는 생각 때문에 40대 초반에 직장을 그만두고는 아이들 교육과 가사에 전념했다고 한다. 그리고 세월이 흘러 아들들은 모두 성공적으로 장성하고 결혼도 했다. 그러나 모든 의무를 마쳤을 때, 그녀는 '자기성취'와 '대리만족'은 엄연히 다르다는 사실을 고통스럽게 실감해야 했다고 말한다.

"나는 아무것도 아니구나, 빈껍데기라는 사실을 깨달았어요. 자식이 주는 기쁨은 일시적이에요. 지금은 내 인생에서 자식이 차지하는 비중을 100분의 20 정도로 생각합니다."

M씨는 50대까지만 해도 백화점에 자주 드나들면서 시간을 보냈다. 하지만 이제는 그렇지 않다.

"이 나이에 유행 따라 옷 사 입을 일도 없고 좋은 옷 입어도 사람들이 봐주지도 않아요. 지금 생각해보면 그때 그렇게 백화점에 드나들었던 건 허전했기 때문이에요. 지금은 다르죠. 그때는 물건을 많이 사도 가슴이 허전했는데, 지금은 무엇을 일부러 사지 않아도 충만감이 있고 마음이 평온해요. 매일 일하니까 정신무장도 되고요."

그녀는 봉사활동을 하기 전에 삶의 보람을 찾고자 많은 노력을 기울였다고 한다. 이런저런 공부도 해보고 취미생활도 해봤다. 하지만 왠지 계속하기가 힘들었다. 그러다가 2년 전쯤 S 노인종합복지관에서 컴퓨터를 배우던 중 봉사활동을 권유받았고, 그때부터 매주 월요일부터 금요일까지, 매일 10시부터 5시까지 일하고 있다. 바쁜 일이 있을 때에는 6시나 7시까지 일할 때도 있다. 하는 일은 노인들 안내, 노인들의 고충을 들어주고 해결해주는 일이며, 때로는 직원들의 행정 업무나 교육 프로그램을 보조하는 역할을 하기도 한다.

재미있는 것은 작년에 은퇴한 남편의 생활에 대한 그녀의 평가였다.

"그이는 그렇게 오래 일했는데도 퇴직을 받아들이기 어려워하고 허탈해합니다. 요즘엔 많이 나아졌어요. 아침마다 함께 집을 나와서 각자

따로 출근하지요. 나는 복지관으로 가고, 그이는 세 시간 운동한 후에 취미 생활하고, 점심은 친구들이랑 하고…….”

그러고는 정색을 하고 물었다.

“그런데 우리 남편 말이에요. 그거야말로 자기만 아는 생활 아닌가 요? 그래도 여기 한번 와보더니 이메일을 보냈더군요. ‘그 나이에 봉사 하는 모습이 아름답구려. 기왕 하는 것이니 책임감 있게 하시오’ 라고 말이죠.”

사실, 자원봉사가 행복을 가져온다는 연구결과는 많이 있다. 영국 BBC에서 소도시 슬라우^{Slough}에서 실시한 실험에 의하면, 자원봉사를 하면 월급이 두 배로 늘어난 것만큼 행복하며, 수명도 더 길어진다고 한다. 마더 데레사의 생전 봉사활동 모습을 사진으로 보기만 해도 면역 력이 향상한다는 ‘데레사 효과’라는 단어도 생겼을 정도이다. (어쩌면 앞으로는 아프리카 수단에서 활동하면서 많은 이의 가슴을 뜨겁게 달 구었던 故 이태석 신부의 얼굴만 봐도 마음이 착해진다는 ‘이태석 효과’ 라는 단어가 생길지도 모르는 일이다.) 아무튼 자원봉사가 행복을 가져 온다면, 우선 나 자신이 행복해지기 위해서 남을 돕는다는 논리가 성립 한다.

물론 이에 대한 반론도 있다. 자원봉사를 해서 행복해지는 것이 아 니라 행복하기 때문에 자원봉사를 할 수 있는 것 아니냐는 견해이다. 그 러나 내가 관찰한 바로는 자원봉사를 열심히 하는 사람들이 단순히 ‘행 복감이 넘쳐서’ 혹은 ‘시간이 많고 힘이 남아돌아서’ 하는 것만은 아니었다. 또 많이 배우고 가진 것 많은 사람만 하는 것도 아니었다. 이들 또한 바쁘고, 건강도 예전 같지 않아서 여러 가지로 힘이 달린다는 점을 자주 호소했으며, 때로는 갈등도 느끼고 있었다.

거동이 불편한 노인들을 위해 목욕봉사를 열심히 하는 친구는 "생각해보면 나도 참 위선적이야"라며 자신의 착잡한 심정을 고백했다. 내용인즉슨, 생판 모르는 노인들 목욕은 그렇게 열심히 시키면서 정작 자신의 시어머니 병간호는 남에게 맡기고 있다는 것이었다. 그리고 "노인들 머리 감겨드릴 때마다 왜 우리 친정 엄마한테는 머리 한번 감겨드리지 못했을까 하는 생각 때문에 눈물이 나. 이런 심정 때문에 시어머니 병간호는 더 하기 싫은 거지⋯⋯"라며 복잡한 심경을 드러냈다. 같이 목욕봉사 하는 사람 중에는 몸이 힘들어서 정작 자신의 집안일은 거의 모두 남한테 돈 주고 맡기는 사람도 있다고 한다. 그래서 자기들끼리, "우리 모두, 자기만족이라는 수렁에 빠진 거 아닐까?"라며 웃는다고 했다.

얼핏 모순된 것으로 보이는 이러한 행위의 이면에는 어떤 '의미'를 추구하려는 마음이 진하게 배어 있다고 생각한다. 말하자면 '나는 사회적으로는 대단한 위치에 있지 않지만, 도덕적으로는 우월하다', '나는 은퇴했지만 여전히 일하고 있다', '나는 여전히 생산적인 사람이고 적극적으로 사회에 참여하고 있다', '나는 가치가 있는 사람이다' 라는 메시지가 숨어 있다. 즉 이들은 남을 돕는 행위를 통해 자기 유용성을 확인하고 긍정적인 자아개념을 유지하며, 자아 성장의 기회를 가지며, 보다 의미 있는 환경과 세상을 만들려는 노력을 통해 자신의 존재감을 확인하는 것이다.

이 점에서 자원봉사의 동기에는 다분히 '이기적'인 요소가 포함되는 것도 사실이다. 즉 우리가 흔히 '이타주의적'이기만 한 행위라고 생각하기 쉬운 자원봉사활동의 이면에도 실은 자신의 정체성이나 자아 연속성을 확인하고 의미를 찾으려는 이기적인 의도가 숨어 있는 것이다.

그러나 이기주의도 이기주의 나름이다. 이런 식의 이기적인 선택은 당장 눈앞의 것에만 연연하는, 단기적이고 속이 훤히 들여다보이는 이기주의와는 거리가 멀다. 훨씬 장기적인 안목을 가진 세련된 선택이기 때문에 어느 지점에서는 '이타주의'와 연결되는 그런 것이다. '고급' 이기주의라고 할까, 나도 행복하지만 남도 행복하게 하는 '착한' 이기주의라고 할까.

나이 든 사람들이 봉사할 수 있는 영역은 광범위하다. 각자 자신이 잘 알고 잘할 수 있는 분야의 봉사활동을 하는 건 별도의 교육이나 훈련 없이도 당장 활동할 수 있다는 점에서 바람직하다. 예를 들면 회계업무에 자신이 있는 사람이라면 중소기업의 회계업무를 돕거나 자문해주고, 교사로 은퇴하여 청소년 지도에 많은 경험과 노하우를 가지고 있다면 그쪽 분야의 활동을 하는 것도 바람직하다. 전직 체육교사는 노인들을 위한 운동프로그램을 만들어 주고, 건축 일을 했던 사람이라면 농촌 노인의 집수리를 도울 수 있을 것이다. 바느질이나 요리 등 자신이 잘하는 일이라면 무엇이나 활용할 수 있다.

하지만, 비록 지식이나 경험은 많지 않지만 해보고 싶었던 일에 도

전해보는 것도 나름의 의미가 있다. 물론 이 경우에는 활동하고자 하는 분야에 대한 지식과 기술을 익히고 주의사항도 충분히 숙지하고 있어야 한다. 예를 들면, 시각장애인을 돕는 봉사활동을 하는 사람이 집 정리를 도와준다면서 자기 식대로 물건을 치워놓는다면 장애인을 돕는 것이 아니라 큰 불편만 끼치는 역효과를 가져올지도 모르기 때문이다.

아이디어 제공 차원에서 자원봉사의 영역을 소개해보면, 크게 문화영역, 교육 및 지식영역, 지역사회 봉사영역, 청소년 관련 봉사영역, 환경영역, 행정보조 영역으로 나눌 수 있다. 문화영역에는 방송 모니터링, 문화공연, 문화재 지킴이, 동화책 읽어주기, 각종 놀이지도 활동이 있다. 교육 및 지식 영역에서는 통역 및 번역, 각종 교육 보조, 강사활동, 방과 후 교실 보조, 전화상담 도우미, 혹은 자서전 쓰기를 돕는 활동도 가능하다. 지역사회 봉사영역으로는 도움이 필요한 노인 가정방문, 요양시설 방문, 병원 봉사, 도시락 · 밑반찬배달, 집수리하기 등이 있으며, 청소년 관련 봉사영역으로는 청소년 지도 및 상담, 양부모 되어주기 활동이 있다. 환경영역에서는 폐식용유 비누 만들기, 각종 환경 지킴이 활동이 있고, 행정보조 영역에서는 복지기관 내 행정 지원, 안내 등의 다양한 활동이 가능하다.

그리고 전문가들은 가능하면 개인적으로보다는 자원봉사조직을 통해 활동하라고 권유한다. 그래야만 구성원 간의 상호 지지와 격려를 통해 더 오랫동안 활동할 수 있으며, 소속감도 느끼고 대인관계도 확대할 수 있기 때문이다. 일하는 즐거움과 재미도 더 클 것이고, 리더십을 발휘할 기회도 가질 수 있다. 현재 서울시와 일부 광역자치단체, 그리고 각 구청에서 노인자원봉사 프로그램을 시행하고 있고, 노인(종합)복지 관에서도 노인봉사대를 조직하여 여러 가지 자원봉사활동을 시행하고 있다. 한국노년자원봉사회, 대한은퇴자협회 등에서도 자원봉사 프로그 램을 운영하고 있다.

비록 시스템은 아직 미약하지만, 자원봉사활동을 하거나 준비하는 사람들이 많아지기를 바란다. 특히 뭔가 의미 있는 '일'을 찾아 나설 것 이 분명한 베이비붐 세대의 은퇴자와 예비은퇴자들에게 기대를 많이 걸고 싶다. 그래서 나도 행복하고 너도 행복하며, 사회도 행복해지기를 희망한다.

• 다양한 분야의 자원봉사활동에 참여해보자!
  남을 도우면서 느끼는 행복이야말로 진정한 행복이다

05 꿈꾸는 마을공동체 :

성미산마을과
비콘힐빌리지

행복한 노후는 여럿이 함께 만드는 것이다. 자발적인 공동체 '성미산마을'과 '비콘힐빌리지'
처럼 우리가 꿈꾸는 마을공동체를 꾸려보는 건 어떨까? 나중에 서울에서 살고 싶은 생각은
별로 없지만, 자발적인 마을공동체를 꾸릴 수만 있다면 서울이든 광화문 한복판이든 상관없
을 것 같다. "원하기만 하면 언제든지 누군가와 함께할 수 있다."

서울에도 '마을공동체'가 있다는 걸 아시는지? 마포구 성산동에 있는 성미산 자락에 인구 1~2천 명 규모의 '성미산마을'이 있다. 2001년에 있었던 성미산 지키기 운동을 계기로 성미산마을이라는 이름이 붙었다고 한다. 하지만 이 마을의 시작은 '공동육아'에서부터 비롯되었다. 즉 협동조합 어린이집이 만들어지면서부터 생기기 시작한 이곳은 아이들이 커가면서 대안학교로 이어지고, 지금은 환경문제와 생태에도 관심을 두는 명실상부한 '마을'을 이루게 된 것이다.

❖ 육아부터 돌봄까지 협동하는 마을을 꿈꾼다
─성미산마을

'공동육아'란 어린이 양육을 고민하는 부모들이 모여서 공동으로 어린이를 양육하는 방식이다. 공동육아에 관심 있는 젊은 부모들은 1994년에 처음으로 협동조합을 만들고 어린이집('우리어린이집')을 개원했다. 오래전 일이지만, 젊은 부모들이 적지 않은 돈을 모아 연남동에 마당이 있는 단독주택을 전세 내고, 마당에는 아이들이 마음껏 뛰어놀 수 있는 모래밭을 만들었다. 마당에서 뛰어놀기, 동네 뒷산 오르기, 동네 목욕탕 가기 같은 이 어린이집의 프로그램은 기존의 어린이집과는 매우 달랐다. 그리고 점심과 간식 시간의 먹거리가 잡곡밥, 밤, 고구마, 옥수수 등이었던 것이 기억난다. 저녁이면 교사나 공동육아연구회를 구성하는 데 중요한 역할을 했던 전문가들뿐 아니라 젊은 부모들,

특히 아빠들이 모여 많은 것을 함께 의논하고 결정하는 모습이 참 인상적이었다.

이 공동육아협동조합을 시작으로 하여 안전한 먹거리를 위해 '마포 두레 생활협동조합'이 출범하고, 조합원 일부가 출자한 유기농 반찬가게 '동네부엌'이 생겼으며, 2004년에는 대안학교 '성미산학교'가 문을 열었다. 2006년부터는 마을 만들기 네트워크가 형성되었고, 2009년에는 성미산자동차 두레도 시작되었다.

얼마 전에 찾아본 성미산마을은 생각보다 규모가 컸다. 어린이집이 네 곳, 방과 후 어린이집도 두 곳이나 되었고, 생활협동조합(마포 두레 생협), 대안학교 성미산학교뿐만 아니라 장애인자립자활센터 등도 있었다. 서울의 여느 동네보다 자전거길이 넓어 보였고, 자전거를 타고 다니는 아이들이 많았다. 도시형 대안학교인 성미산학교의 건물은 정겹고도 예뻤으며, 학교 안에 있는 작은 카페에는 장애, 비장애청소년들이 만든 쿠키와 공예품들이 진열되어 있었다. 유기농 아이스크림 가게는 '나무그늘'이라는 이름처럼 싱그러웠다. 유기농 반찬가게와 '되살림 가게'는 나도 이런 동네에 살았으면 하는 느낌을 불러일으키기에 충분했다. 마을극장도 있고, 어린이 마을합창단도 있으며, 여성 인문학동아리도 있다고 한다.

조한혜정 교수에 의하면, 이 동네에서는 아이 셋 낳는 것이 예사로운 일이라고 한다. 셋째아이의 출생을 알리기 위해 마실을 다니고, 함께 김장하고, 세시절기에 따라 마을 축제를 즐기며 살아가는 마을이라는 것이다. 주민이 즐겁게 모여서 창의적으로 발상하고 다음 세대의 삶을 위해 뭔가를 도모하는 축제도 열린다고 한다. 지자체에 의해 기획되거나 진행되지 않는, 그야말로 동원된 주민이 없는 축제인 셈이다. 이들은 마을에 숨어 있는 많은 사람이 함께하는 축제가 되기를 희망하면서 다양한 프로그램을 모으고 실행하기 위해 성미산 마을축제 프로그램을 공모하기도 한다.

이 글을 쓰고 난 직후, 2010년 5월에 '성미산 (미니) 벚꽃축제'가 열린다는 소식을 들었다. 이 벚꽃축제는 '성미산 사랑회'가 주최한 것이었는데, 이 모임은 성미산을 아끼고 가꾸는 성미산 어르신들이 주축이라고 한다. 성미산 어르신들은 성미산마을 사람들이 매년 식목 행사를 통해 심은 수천 그루의 나무를 옮겨 심고, 잡초와 아카시아를 제거하고 가꾸었다 고 한다. 그래서 성미산은 예전의 아카시아 일색의 단종 나무숲에서 벗어나 철쭉, 진달 래, 왕벚나무, 층층나무, 과실수 및 각종 꽃으로 뒤덮인 아름다운 산으로 탈바꿈하게 되었고, 주민들은 과거 '아카시아축제'가 '벚꽃축제'로 거듭나게 되는 놀라운 변화를 목격할 수 있게 되었다.

이런 마을과 이런 주민이 많았으면 좋겠다. 중요한 문제를 국가나 지방정부가 해결해줄 때까지 기다리지 않는 자발성, 누군가 해줄 때까지 우리 아이의 질 높은 양육이나 교육을 포기하고 있을 수는 없다는 적극성, 이들의 실천력과 추진력이 부러울 뿐이다. 게다가 자신의 손자가 다니는 어린이집 버스를 자원해서 즐겁게 운전해주는 할아버지의 모습처럼, 주민들끼리 서로 돕고 나누는 따뜻한 마음까지……. 그야말로 마을이 갖춰야 하고 가져야 할 모든 조건을 지닌 듯하다.

그런데, 성미산마을에서 만들어진 공동육아의 모델을 노인세대에도 적용해볼 수는 없을까? 당장 노부모를 공동으로 돌보는 방법도 모색해볼 수 있을 것이다. 실제로 성미산마을에서는 생활협동조합을 통해 노인 돌봄 사업을 준비하고 있다고 한다. 요양시설까지는 아니더라도, 주간보호시설이나 단기보호시설 같은 것을 운영해볼 수도 있다.

하지만, 이제 얼마 안 있으면 공동육아를 실천했던 부모들 또한 나이를 먹고 은퇴할 것이다. 이때, 예전에 공동육아를 했던 경험을 살려 서로서로 돌보는 협동조합을 만들어보는 것은 어떨까? 성미산마을이라면 가능할 것 같다는 것이 나의 판단이다. 더욱이 현재 성미산마을에 사는 노인들 또한 젊은 부모들 못지않게 적극적이고 실천력 있는 '멋진 시니어'라는 점을 확인한 터다. 게다가 성미산 어르신들이 만든 '성미산사랑회'의 소식까지 접하고 보니, 성미산마을에서 자발적인 '공동돌봄'이 정말 이루어질 것 같은 예감이 든다.

❖ 오래 살던 곳에서 이웃과 함께 늙어가고 싶다
- 비콘힐빌리지

    미국 보스턴에는 은퇴한 사람들이 일종의 협동조합을 만들어서 서로돌봄서비스를 제공하는 마을이 있다. '비콘힐빌리지Beacon Hill Village'가 바로 그곳이다. 이 마을은 미국의 초기 베이비붐 세대들이 60살이 되면서 노후에 어디에서 살까를 고심하면서 만들어졌다고 한다. 오랜 고심 끝에 내린 이들의 결론은 그동안 살던 집과 동네에서 그대로 지내겠다는 것이었다. 집안일 하기가 점점 어려워지겠지만, 자녀에게 기대고 싶지 않고, 그렇다고 대규모 노인시설이나 노인복지주택Assisted Living Centers 같은 곳에서 살고 싶지도 않기 때문이다. 이들은 가능한 한 자기 집에서 오래 계속 살기를 희망했다.

    이 마을의 거주자들은 오랜 세월을 함께 한, 공동체의식을 가진 주민으로서 비콘힐의 19세기식 가스등, 빨간 벽돌로 된 보도, 바오로성당의 브람스 레퀴엠을 포기하고 싶지 않았다고 말한다. 시골풍의 식당이나 리츠칼튼 호텔에서 마시는 홍차 같은 것들도 포기하고 싶지 않았다. 《뉴욕타임스》에 인터뷰 기사가 실렸던 한 거주자는 이렇게 말했다.

    "우리의 삶과 미래를 소위 전문가가 결정해주는 것을 원치 않았어요. 우리들의 우주를 창조하는 것은 우리, 노인들이거든요. 그 점이 가장 소중한 일이죠."

그래서 이들은 사회복지사와 의논하고 고심한 결과, 결국 '비콘힐 빌리지'를 만들게 되었으며, 정부가 위로부터 주도하는 것이 아니라 주민 스스로 만들고 실행해보는 '풀뿌리 실험'을 하기 시작했다. 그 결과 2010년 현재, 52세부터 98세에 이르는 나이에 속한 340명의 회원이 연회비(개인 550달러, 가구 780달러)를 내는 조합으로 발전했다. 주민의 약 1/5을 차지하는, 회비를 부담하기 어려운 저소득계층의 회원들을 지원할 수 있도록 30만 달러의 예산도 모았다고 한다.

이 마을에는 집행위원장과 직원, 서비스 제공자들이 있다. 회비로는 매주 슈퍼마켓 가서 장 보는 것, 병원동행 서비스, 운동교실, 강사비 등을 부담하며, 집 수리비나 가정간호비용 등은 유료이지만, 회원에게는 10~50퍼센트 정도 할인된다고 한다.

이 기사가 실린 《뉴욕타임스》에는 집안 대대로 내려오는 책들이 잔뜩 꽂혀 있는 서가를 뒤로하고 가죽의자에 앉아서 이웃에 있는 식당에서 가져온 저녁상을 받고 있는 75세 남자 노인의 모습이 사진으로 실려 있다. 그는 혼자 살고 있을 뿐 아니라 교통사고로 무릎을 다친 후라서 여러 가지 도움이 필요한 상태였지만, 요양시설보다는 집에서 살고 싶었다고 말한다. 오래 정든 집에서 계속 살아야만 마음의 평화를 느낄 수 있을 것 같았다고 한다. 그는 병원동행 서비스, 병원 예약, 좋아하는 식당으로부터의 식사 배달, 이발, 욕실의 손잡이 설치, 응급 시 구조 등 다양한 서비스를 받고 있다.

그는 무엇보다도 이 마을의 분위기가 맘에 든다고 한다. 많은 사람이 말동무도 해주는 등 그가 혼자 있는 것에 대해 마음을 써주기 때문이다.

"원하기만 하면 언제든지 누군가와 함께할 수 있다는 것이 제일 좋아요."

이 일을 추진한 사람들은 열정과 시간, 지혜뿐만 아니라 돈도 있고, 책임감도 가진 사람들이다. 일정 수준 이하의 연소득을 가진 이웃을 위해 정부의 보조금을 찾는 방법도 모색했고, 회원들 스스로 기부도 했다고 한다. 물론 회원들의 배경이 너무 좋다는 점이 한계점으로 지적되기도 하다. 회원 중 다수가 하버드대학 동창으로서 막대한 인적, 물적 자원을 가진 사람들이다. 이들은 자신의 배경과 자원을 활용하여 시 문화기관이나 부자들, 그리고 비영리사업을 시작하는 데 필요한 조언을 해주는 친구들의 도움을 받았고, 병원과의 친분을 통해 예약을 쉽게 하는 등의 도움도 받을 수 있었다.

따라서 이 같은 상위집단 사람들이 만든 독특한 모델이 다른 지역에서도 가능할지는 의문이라는 지적도 있다. 다른 지역에서는 정부의 보조금이나 기금이 필요하지 않겠느냐는 것이다. 그러나 비콘힐빌리지 운영자는 이 모델이 다른 지역에서도 얼마든지 적용 가능하다고 자신하면서, 자신들의 사업계획과 지역사회 욕구조사 결과 등을 토대로 하여 운영매뉴얼을 만들어서 여러 지역에 보급하고, 컨설팅서비스도 제공할 계획이라고 한다.

나는 '비콘힐빌리지'처럼 공동돌봄이 이루어지는 마을이 조만간 우리나라에도 생기기를 기대한다. 가능하면 시설보다는 내 집에서 오래 사는 것이 더 바람직하며, 그러려면 나이 든 사람들끼리 서로 도우며 살아야 하기 때문이다. 그곳이 성미산마을이든, 아니면 광화문 한복판이든 어디라도 좋을 것이다.

사실 내 주변에는 나이가 들수록 광화문 한복판에서 살고 싶다고 말하는 친구들이 여럿 있다. 나와 친구들에게 광화문이란 매우 특별한 곳이다. 새 학기마다 참고서를 사러 들르던 신문로의 책방과 그 옆에 죽 늘어서 있던 의수족 파는 가게들, 〈저 하늘에도 슬픔이〉라는 영화를 보았던 극장, 비빔냉면이나 유부국수를 사 먹던 골목길, 그리고 대학 시절 내내 집처럼 드나들던 음악다방, 낙지집, 생맥줏집 등등……. 그곳에는 우리 젊은 날의 역사가 고스란히 묻어 있기 때문이다.

어쨌든, 나중에 서울에서 살고 싶은 생각은 별로 없지만, 만약에 성미산마을이든 혹은 광화문 한복판이든 자발적인 공동 돌봄이 이루어지는 마을이 만들어진다면, 글쎄, '서울에서 살아볼까?' 하고 심각하게 고민하게 될 것 같다.

앞으로 평균수명이 길어지면서 노인들의 다양한 욕구나 문제가 점점 더 수면 위로 부상할 것이다. 하지만 이 모든 것을 국가나 사회가 해결해줄 때까지 기다릴 수는 없는 일이다. 사회복지에는 반드시 '비용'이 따르고, 이 세상에 '공짜복지'는 없기 때문이다.

따라서 나 자신의 복지에 대해 자신도 공동 책임을 진다는 의식, 그리고 너와 나의 복지를 위해 서로 돕고 협동해야 한다는 공동체의식을 가질 필요가 있다. 이런 점에서 성미산마을이나 비콘힐빌리지 주민들이 가지고 있는 공동체 의식, 그리고 마음먹은 것을 실제로 실행하는 적극성과 추진력은 우리 모두 본받아야 할 덕목임에 틀림이 없다. 앞으로 이런 마을공동체가 전국 방방곡곡에 많이 생기기를 기대한다. 공동육아부터 공동돌봄까지 이루어지는 마을공동체도 많아지기를 희망한다.

• 마음 맞는 사람들과 함께할 수만 있다면 마을공동체는 은퇴 후 인생에 활력을 줄 것이다. 새롭게 구성되고 있는 마을공동체를 찾아보고 주체적인 마을일원으로서 행동해보자

06 100세 시대 :

어디서 어떻게,
누구와 어울리며 살까?

은퇴를 앞둔 베이비붐 세대. 그들에게는 남은 여생을 어떻게 보낼지가 가장 중요한 관심사다. 노인복지시설이 좋을까? 집이 좋을까? 새로운 지역에서 사는 것이 좋을까? 어떤 사람들과 교류하면서 지낼까? 수많은 고민들 속에서 나올 수 있는 답은 바로 한 가지다. 여러 가지 대안을 생각해보고 자신에게 가장 맞는 삶을 선택하는 것! 우리가 꿈꾸는 '복지사회'의 모습은 바로 우리가 만들어 나가는 것이다 우리나라의 고령화 속도가 빠르다는 건 이제 누구나 아는 상식이 되었다. 2000년에 노인인구가 7퍼센트 이상인 '고령화사회'로 접어든 우리나라는 2010년 현재 노인인구 비율 11퍼센트로서 아직은 '젊은' 나라에 속한다. 하지만 2018년이면 노인인구 14퍼센트인 '고령사회', 2025년이면 20퍼센트인 '초고령사회'가 될 전망이어서 세계적으로도 유례없이 빠른 고령화 속도를 기록할 전망이다. 그런데, 여기까지만 해도 헉헉 숨이 찰 지경인데, 최근에는 '100세 시대' '호모헌드레드Homo Hundred'라는 말까지 등장하였다.

고령화사회로 접어든 지 불과 십여 년 만에, 그동안 아무도 경험하지 못했던, '100세 시대'라는 낯선 시대의 문 앞에 서 있게 된 것이다. 물론 베이비붐 세대에 속한 사람 누구나 100살까지 산다는 의미는 아니다. 하지만 당신이 베이비붐 세대거나 혹은 더 젊은 세대에 속해 있다면, 나중에 '이렇게 오래 살 줄 알았더라면⋯⋯' 이라며 후회하지 않을 만큼의 준비는 해야 하는 그런 시대를 맞게 된 것이다.

그래서일까? 요즘엔 '앞으로 100살까지 산다는데, 어떻게 살지? 어디서, 누구와 어울리며 사는 게 좋을까?' 라는 질문을 많이 듣는다. 개중에는 '난 중국어를 배울 생각이야, 여행도 마음껏 하고' 라면서 앞으로 남은 미래에 대한 계획과 포부를 밝히는 사람도 있긴 하지만, 대부분은 걱정과 불안이 가득한 표정이다. 이전 세대와 달리 새로운 선택과 가능성이 기다리고 있고, 또 여러 가지 다양한 정보를 얻을 수 있다는 것도 좋은 일만은 아니다. 다양한 선택지와 정보는 또 다른 혼란을 가져올 수 있기 때문이다.

나도 '은퇴 후에 어디서, 어떻게, 누구와 어울리며 살 것인가' 하는 문제에 대해 많은 사람으로부터 질문도 받았고, 또 이야기도 나누었다. 그 내용은 다양했지만, 크게 다음의 세 가지로 나누어본다.

✛ 노인복지시설에서 사는 삶 vs
　집에서 사는 삶

노인복지시설에서 사는 게 좋은가, 자기 집에서 계속 사는 게 좋은 가? 이건 한마디로 대답하기 어려운 문제이다. 이런 질문을 하는 사람이 어떤 상태인가에 따라 대답 또한 달라질 수밖에 없기 때문이다.

만일 질문을 하는 사람이 일상생활에 아무런 지장을 느끼지 않는 젊은 노인이라면 대답은 당연히 '집에서 사는 게 낫다'이다. 그동안의 연구 결과에 의하면, 일상생활을 수행할 수 있는 능력을 갖춘 노인이라면 다소 힘들어도 자기 집에서 독립적으로 살아야 건강에도 좋고 삶의 질도 더 높다고 나타나기 때문이다. 특히 우리보다 긴 노인복지의 역사를 가지고 있는 선진 복지국가일수록 가능한 한 오래 자기 집에서 살아야 여러모로 좋다는 점을 강조한다.

시설이 좋지 않은 가장 큰 이유는 '시설 병' 때문이다. 시설 병이란 시설에서 오래 살 때 생기는 병으로서 그 주요 증세는 의존심, 나태, 무기력 같은 것들이다. 즉 시설에 오래 살면 자기도 모르게 점점 남에게 의존하려고 하고 게을러지며 무기력해지는데, 이런 증세는 심신의 건강을 해치며, 결국 빨리 사망하는 원인이 된다는 것이다. 즉 인간은 노인이 되어서도 자신의 집에서 자유롭게, 독립적으로 생활할 때 더 건강하고 행복하며, 아무리 좋은 시설도 내 집만은 못하다는 것이다.

물론 선진 복지국가일수록 집에서 사는 노인에게도 여러 가지 서비스를 제공한다. 즉 개인 맞춤형 '재가복지서비스'가 그것이다. 예를 들면, 북유럽 나라들은 거동이 불편한 노인이 혼자 살 수 있도록 집에 있는 문턱을 모두 없애주고, 승강기나 자동문을 설치해주는 등의 주택수리서비스를 제공한다. 무엇보다 요양보호사가 매일 아침, 점심, 저녁 시간에 집으로 찾아와서 거동이 힘든 노인들을 도와주며 각종 서비스를 제공하기 때문에, 온종일 누워 있고 싶어도 그럴 새가 없을 정도로 서비스를 받고 있는 것이다.

그래서 선진 복지국가에는 온종일 침대에만 누워 있는 '와상 노인'이 거의 없다. 다소 몸이 불편한 노인이라도 수시로 찾아오는 요양보호사와 시선을 교환하며, 휠체어를 타고서라도 자주 외출하다 보니 자연히 표정이 풍부해지고, 욕창이 생기지 않으며, 몸치장도 하게 되고, 자부심도 유지할 수 있다.

이에 비하면 우리나라의 경우, 최근에 '재가복지'를 강조하고 실제로 서비스를 제공하고 있기는 하지만, 대상이 가난한 노인이나 거동이 아주 불편한 노인으로 한정되어 있고, 서비스 내용도 아직 부족한 수준이다.

하지만 집이 아무리 좋다고 해도, 그리고 아무리 재가복지서비스가 잘되어 있다고 해도, '시설'은 필요하다. 아니 필요한 정도가 아니라 매우 중요하다. 독립적인 일상생활이 불가능해졌을 때, 혹은 치매나 중풍에 걸렸을 때, 그래서 누군가로부터 보살핌을 받아야 하는데 돌봐줄 사람이 마땅치 않을 때, 이런 때에는 시설에서 보호를 받는 것이 최선의 대안이다.

그래서 우리나라에서도 2008년 7월부터 노인장기요양보험제도가 시행되고 있고, 거동이 불편해 집중적인 돌봄을 필요로 하는 1, 2등급 판정을 받은 노인으로 하여금 '요양시설'에서 보호를 받도록 하고 있다. 이 제도가 시작되면서 전국에 3,700여 개의 요양시설이 생겨났고, 8만 명 이상의 노인이 시설에서 보호를 받고 있다.

따라서 노인에게 있어서 시설과 집은 '선택'의 문제라기보다는 서로 '보완적 역할'을 하는 두 가지 필수 요소라고 말할 수 있다. 나 역시 가능하면 집에서 독립적으로 살다가 죽고 싶다고 소망하고 있지만, 언젠가 시설에서 보호를 받으며 살아야 할 때가 올지도 모르는 일이다. 수명이 길어질수록 치매나 중풍 위험은 커지고, 그래서 누군가의 돌봄을 받으며 살아가야 할 가능성 또한 커지기 때문이다.

이 점에서 최근 들어 시설에 대해 오갈 데 없는 노인, 자식이 없거나 혹은 자식으로부터 버림받은 노인만이 가는 곳이라는, 기존의 부정적인 이미지가 사라지고 있다는 건 반가운 일이다. 많은 사람이 편리하고 좋은 시설에 대한 관심을 두는 것 또한 바람직한 변화라고 생각한다.

특히 노인장기요양보험제도가 시행되면서 시설에 대해 노인과 가족들의 관심이 높아지는 것도 긍정적인 변화라 할 수 있다.

'어떤 시설이 좋은 시설인가?'라는 질문도 자주 받는데, 사실 이것역시 중요한 문제다. 장기요양보험제도의 실시와 함께 전국적으로 시설이 급격히 증가하는 바람에 소비자 선택의 폭이 넓어진 건 긍정적인 일이다. 그러나 누구라도 '신고'만 하면 시설을 설립할 수 있는 현 체제에서 '복지'보다는 '이윤 창출'을 우선으로 하는 시설도 많으므로, 좋은 시설을 선택할 수 있는 안목을 가질 필요가 있다.

너무 외딴곳에 뚝 떨어진 대규모 시설보다는 집처럼 편안하고 익숙한 생활을 즐길 수 있는, 그러면서도 '전문적인 돌봄'이 이루어지는 그런 곳을 선택해야 할 것이다. 전문적인 돌봄이란 한마디로 노인 개개인의 존엄성과 개별성을 최대한 존중하며 돌보는 것이다.

나는 노인을 지나치게 편하게만 놔두는 시설은 추천하고 싶지 않다. TV만 보게 하고 잠만 자게 하는 어린이집이 좋지 않듯이 노인시설도 마찬가지다. 힘들어도 자꾸 일으켜 앉게 하고, 가능하면 휠체어를 이용하지 않고 스스로 걷게 하고, 가끔은 딱딱한 음식도 먹게 하는 곳이 좋은 곳이다. 즉 한 사람에게 남아 있는 잔존능력을 최대한 사용하도록 하고, 뇌 기능까지 자극하는 곳이 좋은 시설이다.

학생들과 견학 갔던 광주의 D요양시설에서 재활치료를 담당하는 젊은 여직원과 여자 노인이 서로 언성을 높이며 승강이하는 모습을 본적이 있다. 어떻게든 노인을 움직이게 하려는 직원과 힘들어 죽겠다고 소리치는 노인과의 싸움이었던 것이다. 나를 안내했던 직원 말에 의하면, 이 노인과 재활 담당 직원 간의 실랑이는 일상적인 행사라고 한다. 괄괄한 성격의 여자 노인은 걸핏하면 "나를 못살게 하는 쟤 좀 잘라달라"고 하소연한다는데……, 나는 이렇게 때로는 원성을 사는 한이 있더라도 노인들을 자꾸 움직이게 하는 그런 요양시설이 더 좋은 곳이라고 생각한다.

또 한번은 보건복지부의 평가를 위해 방문했던 '주간보호시설'에서 안전 바를 잡고 힘들게 걷고 있는 남자 노인이 얼마 전까지만 해도 하루 종일 누워서 지내야 하는 '와상 상태'였다는 설명을 듣고 깜짝 놀란 적이 있었다. 같이 갔던 보건복지부 공무원도 "요즘 세상에 어떤 자식이 저렇게 할 수 있겠습니까? 자식보다 백배 낫네요"라며 감탄했는데, 좋은 시설이란 그런 곳이다. 가족처럼 편안하면서도 자식보다 '전문적인 돌봄'을 제공하는 그런 곳 말이다.

❖ 살던 동네 vs
새로운 지역, 어디가 좋을까?

전 세계적으로 은퇴자들의 주거 이동이 가장 많은 나라는 미국이다. 미국인 특유의 도전정신이나 개척정신 때문일까? 미국 은퇴자들은 다른 나라에 비해 훨씬 더 적극적으로 자신의 노후 생활양식을 선택하고 주거지도 결정하는 것처럼 보인다. 즉 국가나 사회가 자신을 위해 무엇을 해주기를 기다리기보다는 자신이 원하는 삶을 향해 스스로 적극적으로 움직이는 것이다.

비슷한 생활양식을 공유하는 사람들끼리 거대한 마을 안에서 활기차게 살 수 있는 '은퇴자마을Retirement Community'이 가장 많은 나라도 미국이다. 미국에는 전국적으로 수백 개의 은퇴자 마을이 있어서 매년 '은퇴해서 살기 좋은 100대 은퇴자마을' 명단이 발표될 정도다. 주민의 수는 수천 명에서 수만 명에 이르며, 마을이라는 단어에 걸맞도록 모든 생활시설을 갖추고 있고, 여가 활동을 위한 다양한 클럽과 갖가지 봉사활동이 활성화되어 있다. 은퇴자들은 이곳에서 자신이 꿈꾸던 활기찬 생활을 영위한다.

한 조사에 의하면, 미국 은퇴자의 59퍼센트가 다른 지역의 은퇴자마을로 이동하는 것을 고려하고 있으며, 그중 21퍼센트는 날씨가 따뜻한 플로리다주의 은퇴자마을을 선택하지만, 최근에는 남쪽뿐 아니라 뉴저지와 같은 약간 추운 지역으로의 이동도 많이 이루어지는 추세라고한다.

미국 은퇴자들이 은퇴 후 주거를 바꾸는 것에 대해 정진웅 교수는 '자아 연속성'을 유지하기가 쉽지 않을 것이라는 우려감을 표시했는데, 일리있는 지적이다. 나이 들수록 생활의 연속성이 필요한 건 사실이다. 오래사귄 친구를 계속 만나고, 매일 다니던 공원으로 산책하러 나가고, 단골식당이나 가게, 카페에 다니는 것이 중요하다. 손때 묻은 가구와 책들도그래서 소중하다. 지금까지 관계 맺어온 모든 것들이 다 소중한 것이다.

하지만 나는 새로운 것을 향해 도전하는 미국 은퇴자들의 태도에서도 배울 것이 많다고 생각한다. 새로운 지역의 새로운 삶에 대해 호기심을 가지는 태도, 끊임없이 도전하고 개척하는 삶의 자세 또한 바람직하다고 생각한다. 수명이 길어지니까 더더욱 그런 생각이 든다. 아직 젊을 때, 기운이 있을 때, 새롭고 도전적인 삶을 살아보지 않는다면 더 나이 들었을 때, 기운이 떨어져 거동이 힘들어졌을 때, '이렇게 오래 살 줄 알았더라면, 그때 한번 도전해보는 건데……, 좀 더 새로운 곳에서 또 다른 삶을 시작해볼 수도 있었는데'라며 후회할지도 모르는 일이다.

그래서 나는 '서울이여 안녕' 하며, 강원도로, 충청도로, 혹은 전라도의 고향 마을로 떠나는 사람들을 존경한다. 이들의 부재는 서울의 교통문제와 주택문제 해소에도 도움이 된다. 자녀와의 사이도 더 좋아지지 않을까? 같은 도시에 살아봤자 정신없이 돌아가는 생활과 '일일 생활권'의 복잡한 교통 때문에 한번 오기도 쉽지 않은 자식들을 기다리다 화만 낼 것이 아니라, 건강하고 활기차게 살아가는 모습을 보여주는 것이야말로 자식들에게 줄 수 있는 가장 큰 선물이 아니겠는가.

살던 동네에서 계속 사는 게 좋은가, 아니면 새로운 곳으로 이사하는 게 좋은가의 문제는 다분히 개인적 취향이나 선택의 문제여서 사실 정답은 없다. 다만 내가 강조하고 싶은 건, 이제는 주거지를 선택할 때, 학군이나 출퇴근 교통 같은 '피상적인' 조건에서 벗어나서, '앞으로 남은 생애 동안 내가 살고 싶은 삶이 어떤 것인가?'라는 근본적인 물음부터 가져야 한다는 점이다. 이왕이면 즐거운 만남과 프로그램이 가득한 동네, 오래전부터 꿈꿔왔던 활동을 실행하기에 적합한 지역, 환경친화적인 마을이 더 좋지 않을까?

✣ 같은 연령대끼리만 교류하는 삶 vs 다양한 연령대와 어울리는 삶

나이 들어서 같은 연령대의 사람들과만 어울리며 사는 게 좋을까, 아니면 젊은 사람들을 포함한 다양한 연령대의 사람들과 두루 교류하며 사는 게 좋을까?

같은 연령대끼리만 어울려 사는 것의 장점은 길게 말하지 않아도 알 수 있다. 나이 들수록 친구가 좋아지고, 같은 또래의 사람들이 더 소중하게 느껴진다. 그건 아마도 같은 추억이 있고 좋아하는 노래도 비슷하다는 편안함뿐만 아니라 격변의 시대를 함께 건너왔다는 끈끈한 동료의식 때문일 것이다. 나이 드니까 서글프다는 얘기, 여기저기 아프다는 얘기 등 어려움을 솔직히 털어놓으면서 위로도 받고, 유용한 정보도 얻을 수 있다.

더 좋은 건 단지 나이가 많다는 이유로 소외감을 느끼거나 자존심 상할 필요가 없다는 점이다. 젊은이들 눈치를 보거나 차별받을 일도 없다. 그래서 자존심이 강한 사람일수록 비슷하게 나이 많은 사람들끼리 모여 사는 방식을 선호한다. 앞에서도 말했지만, 미국의 '은퇴자마을'

같은 것이 바로 이런 점에서 은퇴자들에게 매력 있는 대안이다. 연령 차별이라고는 전혀 없는 '섬' 같은 곳에서 동년배끼리의 *끈끈한* '우리 의식'을 확인하면서 재미있고 활기차게 살아가는 삶을 선택하는 것이 니까.

하지만 또래끼리만 어울려 사는 데에도 단점은 있다. 우선 또래끼리만 어울리면, 그 나이가 가지는 근본적인 한계를 뛰어넘기 힘들다. 마치 청소년들의 또래 모임이 정말 심각한 문제에 부딪히면 효과적인 해결책을 제시할 수 없듯이, 나이 든 사람들끼리만 어울린다면, 노화와 쇠퇴로 인한 여러 문제점을 피할 길이 없다. 즉 처음에는 활기차고 의욕적이던 만남이 시간이 지나면서 점점 더 기운 없고, 우울하고, 누군가가 병들고 죽음을 맞이하면서 슬퍼지는 그런 만남으로 변해갈 것이다. 물론 이 과정에서 서로 위로하고 아픔을 나누는 그 자체가 의미 있는 건 사실이지만, 젊은 사람들과 만날 때 느끼는 활기와 도전 같은 것을 기대하기는 점점 어려워진다.

그뿐만 아니라, 우리 인간은 나이가 같다고 해서 소통도 잘 되는 그런 단순한 존재가 아니다. 나이는 비슷해도 너무나 멀게 느껴지는 사람이 있다. 즉 우리가 누구를 좋아하고 가까이하고 싶은 건 엄밀히 말해서 '나이'보다는 '관심'이나 '흥미' 때문이 아닐까? 나이는 같지만 공유할 수 있는 관심과 흥미가 없을 때 그 만남은 지속하기 어렵다.

얼마 전에 만난 S씨의 말은 그런 면에서 충분히 일리가 있다.

"어떤 모임은 나이도 같고 환경도 비슷해서 잘 맞을 것 같은데도 정말 재미없는 경우가 있어요. 결국, 몇 번 나가다가 슬그머니 빠지게 되죠. 반면에 나이도 다양하고 사는 모습도 천차만별이지만 책 얘기, 세상 돌아가는 얘기를 진지하게 나누는 모임이 있는데, 거기엔 벌써 몇 년째 열심히 참석하고 있답니다. 결국, 중요한 건 만남의 '메뉴'가 아닐까요? 메뉴가 있는 만남과 없는 만남은 천지 차이죠."

따라서 아직도 사람을 나이에 따라 '횡적'으로 구분하는 경향이 강한 우리나라와는 달리, 유럽 등 선진복지국가에서는 사람들을 흥미와 관심에 따라 '종적'으로 구분하면서 세대를 초월해 서로 유대를 강화할 필요가 있다는 점을 강조한다. 즉 개인의 관심과 흥미에 따라 다양한 연령대가 교류할 수 있는 '프로그램'을 만드는 데 많은 노력을 기울이는 것이다. 나이를 불문하고, 영화를 좋아하는 사람들끼리, 기타 치기를 즐기는 사람들끼리, 특정 스포츠를 연마하고 싶은 사람들끼리 모이도록 돕는 것이다.

예를 들면, 영국의 매직미Magic Me라는 NGO 기관은 아이들과 노인이 함께하는 사진, 그림, 연극 등의 '예술활동'을 통해 모두에게 신이 나고 즐거운 시간을 보내게 하며, 함께 모자이크를 만들어 노인복지관과 학교의 외벽을 장식하는 '모자이크 프로젝트'를 수행한다. 이런 사회에서는 다양한 세대가 어울리며 서로 이해하고 도움을 주고받는 것이 노인뿐 아니라 어린이나 젊은이에게도 좋은 경험이 되며, 모두의 삶을 더 풍부하게 한다는 믿음이 널리 퍼져 있다.

동년배로부터 얻는 기쁨과 다른 세대, 특히 젊은이들로부터 받는 즐거움은 다르다. 그래서 둘 다 필요하다고 생각한다. 때로는 또래끼리 모여 수다도 떨고 유익한 정보도 수집하고, 어려운 점을 하소연하는 것이 필요하지만, 때로는 젊은이들과 만나 세상 돌아가는 얘기도 듣고, 그들로부터 배울 건 배우는 삶이 바람직하다.

요즘 '다문화적 감수성'이 필요하다고 말들 하지만, 앞으로는 남자든 여자든 간에 '다 연령적 감수성'도 함께 갖춰야 하지 않을까? 다양한 연령대의 사람들과 서로 이해하고, 소통 가능하고, 어울릴 수 있는 그런 능력이 필요하다. 모든 사람이 다양한 나이의 '친구'를 가지고 있는 사회, 다양한 나이의 친구를 만날 수 있는 '프로그램'이 풍부한 사회, 이것이 우리가 꿈꾸는 행복한 '복지사회'의 모습이다.

'은퇴 후에 어디서, 어떻게, 누구와 어울리며 살까?' 이에 대해 한 마디로 결론짓기는 쉽지 않다. 개개인의 여건과 환경, 노력에 따라 다양한 대답이 나올 수 있기 때문이다. 은퇴자 개개인이 창조성을 발휘하여 더욱 지혜롭고 재미있는 선택을 하기를 바랄 뿐이다. 이 책에서 여러 번 강조했지만, 나의 미래를 만드는 건 나 자신이라는 의식을 가지고 열심히 노력해보자.

하지만, 국가와 사회의 의지 또한 매우 중요하다. 개인의 노력만으로 살기 좋은 세상을 만들기는 어렵기 때문이다. 해서, 앞으로 은퇴자나 노인들의 복지에 더 많은 관심과 노력을 기울이는 사회, 수준 높은 노인복지를 실행할 만한 경제적 여건이 충분한 사회가 되기를 바라는 마음 간절하다.

100세 시대를 앞둔 지금, 마지막으로 강조하고 싶은 건 이참에 우리나라에서도 '노인관'이나 '노인복지 원칙'에 대한 재고가 이루어졌으면 하는 것이다. 즉 노인을 '보호의 대상'의 대상으로만 볼 것이 아니라 '독립적인 존재'로 보며, 노인복지의 원칙에서도 '보호'보다는 '독립' '참여', '자아실현', '존엄성'과 같은 가치를 중요시했으면 좋겠다. 즉 노인 한 명 한 명을 존엄하고 독립적인 개인으로 존중하며, 이들의 자아실현과 사회참여에 욕구를 최대한 충족시키려고 노력하는 사회가 되어야 한다.

다소 몸이 불편해져도 편하고 안전하게 이용할 수 있는 '유니버설 디자인'을 적용한 경사로, 승강기, 출입구, 화장실, 버스 등 대중교통 시설을 갖추고 있는 사회, 누구나 인간으로서의 존엄성과 품위를 지키며 살 수 있고, 노년기의 삶의 질을 높이기 위해 모든 국민이 함께 노력하는 사회야말로 우리가 꿈꾸는 '복지사회'의 모습이다.

• 당신의 삶은 당신의 선택에 달려있다. 본인이 진정으로 원하는 생활만이
  은퇴 후 밝은 미래를 책임질 수 있다. 어떤 선택을 할 것인가?
  주사위는 당신이 가지고 있다

{
여전히 나는
'생의 한가운데'에
서 있다

글을 쓰는 동안 참 행복했다. 10년 전쯤, 한두 방울씩 똑똑 떨어지던 작은 이야기가 모여 점점 더 큰 물줄기를 이루더니 어느새 큰 강이 되어 도도히 흘러가는 모습을 지켜보게 된 건 내 인생 최고의 멋진 경험이었다. 드물기는 했지만 쓰는 일에 몰입하다 보면 급류를 타는 순간도 있었는데, 그건 그동안 내가 경험했던 어떤 일이나 놀이보다도 고양된 행복감을 주는 그런 것이었다.

그러나 이 책이 나오기까지의 과정은 절대로 행복하지만은 않았다. 지금 생각해보면 이 책을 처음 쓰기 시작했을 때만 해도 인생의 내리막길에 관한 이야기니만큼 오르막길의 이야기보다는 훨씬 쉬우려니 생각했다. 그동안 배운 지식과 경험을 적당히 얼버무리면서, 넘어지지 않게 조심하면서 살살 내려오는 이야기를 쓰면 되지 않을까 하고 생각했던 것이다.

하지만 그건 오해였다. 이미 쓴 글을 고치고 또 고쳐야 했던 길고 막막하게만 느껴지던 시간 그리고 책이 세상에 나오기까지의 긴 과정을 통해서 나는, 행복해지기 위해서는, 결코 행복하지 않은, 길고 지루한 나선형의 길을 걷는 험난한 여정을 거쳐야 한다는 걸 뼈아프게 실감했다.

마치 은퇴를 하기 위해서는 그전에 열심히 일했던 경력이 있어야 하듯이, 쇠퇴하기 위해서는 그전에 성장과 발전의 과정이 있었어야 하듯이, 내리막길을 걷기 위해서는 오르막길을 올랐어야 하듯이, 후회 없이 돌아오기 위해서는 어떤 길을 끝까지 가봤어야 하듯이…….

그나마 다행인 건, 비록 험난한 여정이긴 했지만 그 과정에서 조금씩이나마 성장하는 자신을 느낄 수 있었다는 점이다. 그 성장이란 게 아무도 눈치챌 수 없을 만큼 느리고 지루하게 이뤄지는 바람에 속이 터질 지경이었지만 말이다.

그래도 '은퇴', '나이 듦', '쇠퇴'라는 주제로 시작했던 이야기를 마무리하는 지금, 이렇게 작으나마 '성장'에 관해 말할 수 있어서 얼마나 기쁜지 모른다.

해서, 이 책을 끝내면서 새삼 깨닫는 건 인생의 어느 때고 성장할 수 있고 행복할 수 있다는 것, 그러나 성장과 행복 뒤에는 후퇴하고 추락하는 듯이 느껴지는 순간, 결코 행복하다고는 말할 수 없는 시간이 반드시 존재한다는 사실이다. 앞으로도 그럴 것이다. 앞으로 남은 삶도 크게 다르지 않을 것이다.

그래서, 여전히 '생의 한가운데'에 서 있는 느낌이다. 50대 후반의 나이임에도 여전히…….

그런데, '생의 한가운데'에 서 있다는 이 느낌이 나의 개인적인 감(感)만은 아닌 것 같다. 하루가 멀다 하고 '100세 시대'가 오고 있다거나 혹은 '호모헌드레드Homo Hundred'라고 불리는 '신인류'가 출현하고 있다거나 하는 소식에 부딪히게 되는 그런 시대를 살고 있으니 말이다.

곰곰이 생각해본다. '개인적으로나 사회적으로나 생의 한가운데에 서 있는 사람으로서 앞으로도 계속 꿈을 향해 달려가야 하지 않을까'라고……. 앞으로도 매일, 꿈꾸는 사람이 되고 싶다고. 다양한 사람들과 공감하고 소통하려는 노력을 계속하면서 평범하지만 소중한 이야기, 가능한 한 실용적이고 희망적인 이야기를 쓰고 싶다. 여러 가지 다양한 의견을 제시하되 가장 합리적인 것이 뭔지를 밝히려는 노력도 게을리하지 않겠다.

이제 돌이켜 생각해보니, 그동안 내가 한 선택 중에서 가장 잘한 건 '노인복지'를 전공으로 선택했다는 점인 것 같다. 노화를 경험하면 할수록, 비록 그 과정이 험하고 힘들지라도 쓸 수 있거나 써야 할 이야기는 점점 더 많아질 것이기 때문이다.

이제 감사의 말을 할 차례다. 퇴직자 연구를 할 때 만났던, 생생한 삶의 이야기를 통해서 이런 책이 필요하다는 걸 가슴으로 느끼게 해주었던 여러분에게 감사한다. 이들의 이야기는 긍정적이건 부정적이건 모두 소중했다. 이

들의 솔직하고 진실한 이야기가 없었다면 이 책은 존재할
수 없었을 것이다.

그리고 이 책에서 실명으로 인용된 이들, 특히 베이비
붐 세대의 여러분에게 많은 걸 배우고 느꼈다고, 앞으로도
인생의 좋은 친구가 되어달라고 말하고 싶다.

이 책을 쓰는 동안 만나지 못했던 많은 사람들에게 미
안한 마음을 전한다. 일일이 이름을 부르지 않겠지만, 그들
은 잘 알 것이다. 처음에 썼던 몇 개의 원고를 읽고 '재미있
다'고 말해줬던 동생 혜원과 혜진, 친구와 선배들에게 감사
한다. 이들의 격려가 큰 힘이 되었다. 특히 이 책의 거의 모
든 원고를 읽어주는 '천사'의 역할을 담당해주었던 혜원에
게 마음속 깊이 감사한다. 지난 몇 년간 주말마다 식탁 위
에 노트북과 책들을 한가득 늘어놓고 일하는 바람에 본인
은 정작 '식탁의 힘'을 느낄 수 없었을 남편에게, 이제는 식
탁을 원래의 제 용도대로 사용하겠다고 약속한다.

이 책을 출판해준 샘터에 큰 빚을 진 느낌이다. 특히
'월간《샘터》지령 500호'를 넘긴 지 얼마 지나지 않은 뜻
깊은 시기에 책이 나오도록 해주신 김성구 대표이사께 깊
이 감사드린다. 만날 때마다 유쾌하고 유익한 에너지를 느
끼게 해주었고, 책 편집에도 최선을 다해준 단행본 팀 편

집자 분들에게도 뜨거운 감사의 말을 전하고 싶다.

　　마지막으로, 내게 말과 글을 가르쳐준 부모님께 이 책을 드리고 싶다. 하늘에서 분명 기뻐하시리라. 이들을 생각하면 늙는 것이 하나도 두렵지 않다. 단, '우아하게' 늙고 싶을 뿐.

2012년 2월
한혜경

1부
우아한 쇠퇴론 : 은퇴, 피할 수 없다면 즐겨라

1. 우아한 쇠퇴론 : 은퇴하면 어때? 나이 들면 어때? 잘 살면 되지

– 선우정,《일본, 일본인, 일본의 힘》(루비박스, 2009) 참조.

– 오마에 겐이치(大前硏一),《부의 위기》(국일증권경제연구소, 2006) 참조.

– 발테스(Paul B. Baltes)(1939~2006)는 독일의 노화심리학자, 발달심리학
자로 전생애에 걸친 인간발달과 '지혜'에 대해 연구하고, 성공적 노화를 위
한 전략으로서 Selective Optimization with Compensation 이론을 발전
시킨 것으로 유명하다.

– 발테스(P. B. Baltes & M. M. Baltes),《Successful Aging》(Cambridge:
Cambridge Univ. Press, 1990) 참조.

2. 행복의 U자 곡선 : 나이 들수록 행복한 이유

– 카우길과 홈즈(D. O. Cowgill & L. D. Holmes),《Aging and Modernization》
(N.Y.: Appleton-Century-Crofts, 1972) 참조.

– 슬라우(Slough)시 연구란 6명의 행복전문가(긍정심리학자)가 자신들의 행복
학이론이 효과가 있는지 알아보기 위해 2005년 5월부터 영국의 소도시 슬

라우에서 사회 실험을 한 연구이며, 그 결과는 《영국 BBC 다큐멘터리 행복》
(예담, 2006)에 자세히 소개되어 있다.

- 대니얼 길버트(Daniel Gilbert), 《Stumbling on Happiness》(Knopf,
  2006) 참조.

- 김정운, 《나는 아내와의 결혼을 후회한다》(쌤앤파커스, 2009) 참조 .

3. 성공과 실패의 통합 : 너희가 가난을 알아? 고통을 알아?

- 박상철, 《100세인 이야기》(샘터, 2009) 참조.

- 에릭슨(E. H. Erikson)은 생애발달의 8단계에서 부딪히게 되는 심리사회적
  위기와 발달과업을 제시한 바 있다. 《Childhood and Society(2nd ed.)》
  (NY: Norton,1963) 참조.

4. 은퇴 후 미래 : 행복한 삶을 위한 생각 바꾸기

- 정진웅, 《노년의 문화인류학》(한울아카데미, 2006) 참조.

- 베티 프리단(Betty Friedan)은 《여성의 신비》(이매진, 2005)라는 책을 통해
  1960년대 미국 여성운동의 대모로 부상된 인물이며, 1993년에는 노인문
  제를 다룬 책 《노년의 샘》을 발표한 바 있다.

2부

행복한 나를 위해 : 'Me'보다 'I'로 살기

1. 건강한 자기중심성 : 'Me'보다 'I'로 살기

- 다나베 세이코, 《두근두근 우타코 씨》(여성신문사, 2007) 참조.

- 《USA투데이》(2006.2.8)는 미국 베이비붐 세대(1946년생~1964년생)
  의 특징 중 하나로서 이들이 'I 세대'라기보다는 'Me 세대'라는 점을 지적
  한 바 있다.

- 로저스(Carl Rogers)는 인본주의적 심리학을 대표하는 학자로서 78세 때 쓴
  이 이야기는 에릭슨 · 스키너 · 로저스 공저, 《노년기의 의미와 즐거움》(학지

사, 2000) 중 제7장 〈노년기의 즐거움〉에 자세히 소개되어 있다.

2. 갑옷 벗기 연습 : 직업, 지위를 벗어던지고 '나'와 마주하기
- 펙(Robert C. Peck)은 에릭슨에 뒤이어 중년기와 노년기의 심리적 발달과업
  을 연구한 사회심리학자이다.

  펙(Robert C. Peck), "Psychological Development in the Second
  Half in Bernice L. Neugarten(ed.)", 《Middle Age and Aging a
  Reader in Social Psychology》(Univ. of Chicago Press, 1968),
  pp.88~92 참조.

4. 삶에 대한 지배력 : 돈보다 중요한 삶의 자세
- 마멋(M. Marmot)이 주장한 '지위신드롬(The Status Syndrome)'은 《사
  회적 지위가 건강과 수명을 결정한다》(에코리브르, 2006)에 자세히 소개되
  어 있다.

3부
일상의 재구성 : 일하면서 즐기면서 배우면서

1. 일상의 재구성 : 나의 하루는 읽고 생각하고 남을 돕는 일로 가득 차 있다
- 카네만(Daniel Kahneman)은 노벨 경제학상을 받은 프린스턴 대학 교수로
  행복이란 '하루 중 기분 좋은 시간이 얼마나 되는가에 의해 결정된다'고 주
  장했다.
- 미치 앨봄(Mitchell D. Albom), 《모리와 함께한 화요일》(살림,2010) 참조.
- 스웨덴의 칼손 아그렌(M. Carlsson-Ägren)과 동료들은 85세 이상의 초고령
  노인(Oldest-old)들에 대한 연구를 수행했다.

  칼손 아그렌, 베르그, 베네스탐(M. Carlsson-Ägren, S. Berg, C. Wenestam),
  《Daily Life of the Oldest Old》(Jounal of Sociology & Social
  Welfare, Vol. XIX, No.2, 1992) pp.109~124 참조.

2. 일, 교육, 여가를 통합하는 일상 : 인생의 어느 때라도 배우고 일하고 즐길 수 있어야 한다

- 미치 앤서니(Mitch Anthony), 《은퇴혁명》(청년정신, 2004) 참조.
- 전신애, 《뚝심좋은 마산 색시 미국장관 10년 해보니》(조선일보사, 1996) 참조.

4. 놀이는 나의 힘 : 자신에게 맞는 맞춤형 놀이 찾기

- 드류 레더, 〈내가 늙었을 때〉 : 류시화, 《지금 알고 있는 걸 그때도 알았더라면》(열림원, 1998) 인용.

4부

새로이 배워보는 : 가족 사랑의 기술

1. 긍정적 성별 교차경험 : 화성으로 간 여자, 금성으로 간 남자

- 데이비드 구트만(David L. Gutmann), 《Reclaimed Powers》(NY: Basic Books, 1987) 참조.

2. 인생의 동반자, 부부 : 황혼이혼을 피하는 방법

- 앨포드-쿠퍼(F. Alford-Cooper)의 주장은 1998년에 발표된 저서 《For Keeps: Marriages that Last a Lifetime》(NY: M.E. Sharpe) 참조.

3. 여자들의 이동능력, 남자들의 요리능력 : 아직도 요리를 못하십니까?

- 사하시 게이죠(佐橋慶女)는 일본 최초로 여성만의 회사인 '아이디어 뱅크'와 주부의 사회참여를 위한 '뱅크 오브 컨설턴트'를 설립했다. 그녀는 두 회사를 경영한 맹렬여성이며, 아버지와 본인의 이야기를 다룬 《할아버지의 부엌》(여성신문사, 1990)으로 일본 에세이스트클럽상을 수상했다.
- 스즈키 히데코(鈴木秀子)는 성심수녀회 수녀이며 일본 성심여대 교수, 문학요법 및 심리요법을 통해 말기 중환자들의 내적 치유를 돕는 호스피스 이야

기로 유명하다. 《하느님은 인간을 어디로 이끄시는가》(생활성서사, 1999) 등의 책이 번역되었다.

5. 가족 사랑의 기술 : '나 전달법'과 '경계 지키기'

– 김동선, 《야마토마치에서 만난 노인들》(궁리, 2004) 참조.

– 헨리 나우웬(Henri Nouwen), 《친밀함》(두란노, 2011) 참조.

5부
함께 어울려 사는 세상 : 은퇴 후, 새로운 미래를 꿈꾸다

1. 본격적인 사회은퇴 : 'No'라고 말해줄 수 있는 선배가 필요하다

– 루이스 터먼은 1922~1956년의 캘리포니아 도시 학교에 다니는 IQ 135~140 이상의 아이들에 대한 '천재아' 연구를 하였고 이 연구는 1956~70년 멜리타 오든(M. H. Oden), 1970~89년 로버트 시어즈(R. R. Sears), 1990~2000년 알베르트 하스토르프까지 이어짐으로써 무려 80년의 세월에 걸쳐 1920년경에 태어난 1,500명의 성격, 직업, 인생관과 결혼 경력, 건강상태 등을 추적하였다. 우리나라에서는 《나는 몇 살까지 살까?》(쌤앤파커스, 2011)라는 이름으로 번역되었다.

3. 로제토효과 : 마을공동체에 장수하는 사람이 많은 이유

– 말콤 글래드웰(M. Gladwell), 《아웃라이어》(김영사, 2009) 참조.

– 메리 파이퍼(M. Pipher)는 세계적으로 유명한 심리학자이자 베스트셀러 작가다. 노인문제를 다룬 책으로 《또 다른 나라》(모색, 2000)가 번역되었다.

4. 자원봉사 : 남도 행복하지만 나도 행복한 '착한' 이기주의

– 자원봉사가 행복을 가져온다는 연구결과는 《영국 BBC 다큐멘터리 행복》(예담, 2006)에 자세히 소개되었다.

5. 꿈꾸는 마을공동체 : 성미산마을과 비콘힐빌리지

- 조한혜정 교수는 문화인류학자이자 여성학자. 연세대학교 교수로서 성미산마을과 성미산학교에 대한 내용을 《다시, 마을이다》(또하나의 문화, 2007)에서 다루고 있다.
- '비콘힐빌리지(Beacon Hill Village)'에 관한 자세한 내용은 《뉴욕타임스》, 2006년 2월 9일자 참조.

6. 100세 시대 : 어디서 어떻게, 누구와 어울리며 살까?

- 북유럽 국가의 재가복지서비스에 대해서는 일본 《아사히 신문》 논설위원이었던 오쿠마 유키코(大熊由紀子)가 1990년에 발표했던 《와상노인이 있는 나라 없는 나라》(우리나라에서는 《노인복지혁명》(예영커뮤니케이션, 1998)이라는 이름으로 번역되었다)에 자세히 나와 있다. 이 책은 출판되자마자 일본에 큰 반향을 일으켰고, 일본의 노인복지정책을 '혁명적으로' 변화시킨 책이라는 평가를 받고 있다.
- 정진웅, 《노년의 문화인류학》(한울아카데미, 2006) 참조.
- 영국의 매직미(Magic Me)라는 NGO 기관에 대해서는 희망제작소의 보고서 〈한국 젊은이들, 영국시니어를 만나다〉(2010) 참조.

나는 매일
은퇴를 꿈꾼다

1판 1쇄 발행 2012년 2월 27일
1판 4쇄 발행 2013년 2월 25일

지은이 한혜경
펴낸이 김성구

편집팀장 박유진
책임편집 김동규
편 집 김민기 권은정
디자인 여종욱
제 작 신태섭
마케팅 최윤호 손기주 송영호 김정원 차안나
관 리 김현영

펴낸곳 (주)샘터사
등 록 2001년 10월 15일 제1-2923호
주 소 서울시 종로구 동숭동 1-115 (110-809)
전 화 02-763-8965(단행본팀) 02-763-8966(영업마케팅부)
팩 스 02-3672-1873 **이메일** book@isamtoh.com **홈페이지** www.isamtoh.com

ISBN 978-89-464-1819-6 03300

이 도서의 국립중앙도서관 출판시도서목록(CIP)은 e-CIP 홈페이지
(http://www.nl.go.kr/cip.php)에서 이용하실 수 있습니다. (CIP제어번호: CIP2012000688)

값은 뒤표지에 있습니다.
잘못 만들어진 책은 구입처에서 교환해 드립니다.